Cicero · Drei Reden vor Caesar

Marcus Tullius Cicero

Drei Reden vor Caesar

Für M. Marcellus
Für Q. Ligarius
Für König Deiotarus

Lateinisch / Deutsch

Übersetzt und herausgegeben
von Marion Giebel

Reclam

RECLAMS UNIVERSAL-BIBLIOTHEK Nr. 7907
Alle Rechte vorbehalten
© 1999 Philipp Reclam jun. GmbH & Co. KG, Stuttgart
Gesamtherstellung: Reclam, Ditzingen. Printed in Germany 2013
RECLAM, UNIVERSAL-BIBLIOTHEK und
RECLAMS UNIVERSAL-BIBLIOTHEK sind eingetragene Marken
der Philipp Reclam jun. GmbH & Co. KG, Stuttgart
ISBN 978-3-15-007907-2

www.reclam.de

M. Tulli Ciceronis
Pro M. Marcello Oratio

M. Tullius Cicero
Rede für Marcus Marcellus

1 (1) Diuturni silenti, patres conscripti, quo eram his temporibus usus, non timore aliquo, sed partim dolore, partim verecundia, finem hodiernus dies attulit, idemque initium quae vellem quaeque sentirem meo pristino more dicendi. Tantam enim mansuetudinem, tam inusitatam inauditamque clementiam, tantum in summa potestate rerum omnium modum, tam denique incredibilem sapientiam ac paene divinam tacitus praeterire nullo modo possum. (2) M. enim Marcello vobis, patres conscripti, reique publicae reddito non illius solum sed etiam meam vocem et auctoritatem vobis et rei publicae conservatam ac restitutam puto. Dolebam enim, patres conscripti, et vehementer angebar, cum viderem virum talem, cum in eadem causa in qua ego fuisset, non in eadem esse fortuna, nec mihi persuadere poteram nec fas esse ducebam versari me in nostro vetere curriculo illo aemulo atque imitatore studiorum ac laborum meorum quasi quodam socio a me et comite distracto. Ergo et mihi meae pristinae vitae consuetudinem, C. Caesar, interclusam aperuisti et his omnibus ad bene de re publica sperandum quasi signum aliquod sustulisti. (3) Intellectum est enim mihi quidem in multis et maxime in me ipso, sed paulo ante omnibus, cum M. Marcellum senatui reique publicae concessisti, commemoratis praesertim offensionibus, te auctoritatem huius ordinis dignita-

1 (1) Dem langen Stillschweigen, Senatoren, das ich die letzte Zeit über gewahrt hatte, nicht aus Furcht, sondern teils aus Schmerz, teils aus Zurückhaltung, machte der heutige Tag ein Ende. Er ist damit für mich zugleich ein Anfang, wieder in meiner gewohnten Weise auszusprechen, was ich will und was ich denke. Eine so große Nachsicht, eine so ungewöhnliche, noch nie gehörte Milde, eine solche Mäßigung bei höchster Machtentfaltung, ja eine so unglaubliche und beinahe göttliche Weisheit kann ich einfach nicht schweigend übergehen. (2) Marcus Marcellus ist euch, Senatoren, und dem Senat wiedergegeben worden. Und ich bin der Auffassung, damit sind euch und dem Staat nicht nur seine Stimme und seine Autorität bewahrt geblieben und zurückerstattet worden, sondern auch die meine. Es tat mir nämlich weh und schnürte mir das Herz zu, Senatoren, zu sehen, dass ein solcher Mann, der auf derselben Seite gestanden hatte wie ich, nicht dasselbe Los haben sollte. Ich konnte es mir einfach nicht vorstellen und es nicht für richtig halten, dass ich mich in meiner alten Laufbahn bewegte, er aber, der mit mir in Wissenschaft und Beruf gewetteifert und mir nachgestrebt hatte, gleichsam mein Genosse und Wegbegleiter, von mir gerissen war. Du hast mir die verschlossene Tür zu meinem früheren Leben wieder geöffnet, Caesar, und gleichzeitig diesen allen das Fanal gegeben zu den schönsten Hoffnungen für den Staat. (3) Ich habe es nämlich bei vielen anderen und besonders bei mir selber erleben können, aber jetzt vor kurzem haben es alle erfahren, als du Marcus Marcellus dem Senat und dem Staat zurückgabst, wobei du deine Kränkungen durch ihn ausdrücklich erwähntest: Das Ansehen dieses

temque rei publicae tuis vel doloribus vel suspicionibus
anteferre. Ille quidem fructum omnis ante actae vitae
hodierno die maximum cepit, cum summo consensu senatus tum iudicio tuo gravissimo et maximo. Ex quo
profecto intellegis quanta in dato beneficio sit laus, cum
in accepto sit tanta gloria. (4) Est vero fortunatus cuius
ex salute non minor paene ad omnis quam ad illum ven-
tura sit laetitia pervenerit: quod quidem merito atque
optimo iure contigit. Quis enim est illo aut nobilitate aut
probitate aut optimarum artium studio aut innocentia
aut ullo in laudis genere praestantior?

2 Nullius tantum flumen est ingeni, nulla dicendi aut
scribendi tanta vis, tantaque copia quae non dicam exor-
nare, sed enarrare, C. Caesar, res tuas gestas possit. Tamen hoc adfirmo et pace dicam tua, nullam in his esse
laudem ampliorem quam eam quam hodierno die conse-
cutus es. (5) Soleo saepe ante oculos ponere idque liben-
ter crebris usurpare sermonibus, omnis nostrorum imperatorum, omnis exterarum gentium potentissimorum-
que populorum, omnis regum clarissimorum res gestas
cum tuis nec contentionum magnitudine nec numero
proeliorum nec varietate regionum nec celeritate confi-
ciendi nec dissimilitudine bellorum posse conferri, nec
vero disiunctissimas terras citius passibus cuiusquam
potuisse peragrari quam tuis non dicam cursibus, sed
victoriis lustratae sunt. (6) Quae quidem ego nisi ita magna esse fatear ut ea vix cuiusquam mens aut cogitatio

Standes und die Würde des Staates stellst du höher als persönlichen Groll und Argwohn. Jener hat am heutigen Tag den höchsten Lohn für sein gesamtes früheres Leben erhalten, durch die einhellige Zustimmung des Senats ebenso wie durch dein gewichtiges und bedeutungsvolles Urteil. Daraus kannst du mit Sicherheit erkennen, wie groß das Lob für den Spender einer solchen Wohltat ist, wenn schon der Empfänger solchen Ruhm davonträgt. (4) Wahrhaft glücklich ist der, dessen Rettung wohl allen nicht weniger Freude bereitet als ihm selber. Und nach Verdienst und mit vollem Recht ist Marcellus das zuteil geworden. Denn wer könnte ihn übertreffen an Adel, Redlichkeit, Eifer für die Wissenschaften oder an untadeligem Wesen oder sonst einer lobenswerten Eigenschaft?

2 Niemand besitzt einen solchen Reichtum an Begabung, solche Kraft und Fülle in Rede und Schrift, um deine Taten, Caesar, ich will nicht sagen auszuschmücken, sondern auszudrücken. Trotzdem bleibe ich dabei und sage mit deiner Erlaubnis, dass deine Taten dir kein größeres Lob eingebracht haben als das am heutigen Tag. (5) Folgendes pflege ich mir oft vor Augen zu stellen und es gerne und häufig im Gespräch anzuführen: Alle Taten unserer Feldherrn, der fremden Nationen und der mächtigsten Völker, alle Taten der berühmtesten Könige sind mit den deinen nicht zu vergleichen, weder was die Größe der Anstrengungen angeht noch die Zahl der Gefechte, die Vielfalt der Schauplätze, die Schnelligkeit der Ausführung und die Verschiedenheit der Kriegführung. Die entferntesten Länder konnten von niemand schneller durchzogen werden als sie von dir, ich will nicht sagen im Marsch, sondern im Siegeslauf durchmessen worden sind. (6) Ich wäre wahnsinnig, würde ich nicht zugeben, dies alles sei von solcher

capere possit, amens sim; sed tamen sunt alia maiora.
Nam bellicas laudes solent quidam extenuare verbis eas-
que detrahere ducibus, communicare cum multis, ne
propriae sint imperatorum. Et certe in armis militum
virtus, locorum opportunitas, auxilia sociorum, classes,
commeatus multum iuvant, maximam vero partem quasi
suo iure Fortuna sibi vindicat et, quicquid est prospere
gestum, id paene omne ducit suum. (7) At vero huius
gloriae, C. Caesar, quam es paulo ante adeptus socium
habes neminem: totum hoc quantumcumque est, quod
certe maximum est, totum est, inquam, tuum. Nihil sibi
ex ista laude centurio, nihil praefectus, nihil cohors, nihil turma decerpit; quin etiam illa ipsa rerum huma-
narum domina, Fortuna, in istius se societatem gloriae
non offert: tibi cedit, tuam esse totam et propriam fate-
tur. Numquam enim temeritas cum sapientia commi-
scetur nec ad consilium casus admittitur. **3** (8) Domuisti
gentis immanitate barbaras, multitudine innumerabilis,
locis infinitas, omni copiarum genere abundantis: ea tamen vicisti quae et naturam et condicionem ut vinci possent habebant. Nulla est enim tanta vis quae non ferro et
viribus debilitari frangique possit. Animum vincere, ira-
cundiam cohibere, victo temperare, adversarium nobilitate, ingenio, virtute praestantem non modo extollere ia-
centem sed etiam amplificare eius pristinam dignitatem,

Größe, dass kaum jemandes Geist und Gedanke es fassen kann. Aber dennoch gibt es Anderes, Größeres. Denn den Kriegsruhm pflegen manche durch Gerede zu schmälern und ihn den Feldherrn zu entziehen, indem sie behaupten, er gehöre einer Gesamtheit und sei kein persönliches Eigentum des Feldherrn. Und sicher sind im Krieg die Tapferkeit der Soldaten, die Gunst des Terrains, die Unterstützung der Bundesgenossen sowie Flotten und Nachschub von großem Nutzen. Den Hauptanteil aber nimmt Fortuna als ihr Recht in Anspruch, und wo eine Tat geglückt ist, nennt sie sie so gut wie gänzlich ihr Eigen. (7) Aber diesen Ruhm, Caesar, den du eben erlangt hast, den brauchst du mit niemandem zu teilen, das Ganze, so groß es ist, und es ist unbedingt etwas ganz Bedeutendes, das, sage ich, gehört ganz und gar dir allein. Kein Hauptmann, kein Befehlshaber, keine Kohorte, keine Schwadron kann dir etwas wegnehmen, ja sogar Fortuna, die Herrin der Menschengeschicke, drängt sich nicht vor als Teilhaberin an diesem Ruhm, sie weicht dir, sie gibt zu, dass er ganz und gar dein Eigen ist. Niemals nämlich verbindet sich blindes Ungefähr mit Weisheit, niemals findet der Zufall einen Weg zu kluger Überlegung. **3** (8) Bezwungen hast du Volksstämme, barbarisch wild, unzählbar viele, im Grenzenlosen wohnend, mit Reichtum aller Art im Überfluss, aber du hast doch nur besiegt, was seiner natürlichen Beschaffenheit nach besiegbar war. Keine noch so große Macht gibt es, die nicht durch Eisen und Körperkraft geschwächt und gebrochen werden kann. Den eigenen Sinn besiegen, den Zorn im Zaum halten, sich dem Besiegten gegenüber mäßigen, einen Gegner, der durch Adel, Geist und Vollkommenheit hervorragt, nicht nur vom Boden aufzurichten, sondern seine frühere Würde noch zu erhöhen – wer das tut, den stelle ich

haec qui faciat, non ego eum cum summis viris comparo,
sed simillimum deo iudico. (9) Itaque, C. Caesar, bellicae
tuae laudes celebrabuntur illae quidem non solum nostris sed paene omnium gentium litteris atque linguis,
neque ulla umquam aetas de tuis laudibus conticescet;
sed tamen eius modi res nescio quo modo, etiam cum le-
guntur, obstrepi clamore militum videntur et tubarum
sono. At vero cum aliquid clementer, mansuete, iuste,
moderate, sapienter factum, in iracundia praesertim quae
est inimica consilio, et in victoria quae natura insolens et
superba est, audimus aut legimus, quo studio incendi-
mur, non modo in gestis rebus sed etiam in fictis ut eos
saepe quos numquam vidimus diligamus! (10) Te vero
quem praesentem intuemur, cuius mentem sensusque et
os cernimus, ut, quicquid belli fortuna reliquum rei publicae fecerit, id esse salvum velis, quibus laudibus effe-
remus, quibus studiis prosequemur, qua benevolentia
complectemur? Parietes, me dius fidius, ut mihi videtur,
huius curiae tibi gratias agere gestiunt, quod brevi tempore futura sit illa auctoritas in his maiorum suorum
et suis sedibus.   4 Equidem cum C. Marcelli, viri optimi
et commemorabili pietate praediti, lacrimas modo vo-
biscum viderem, omnium Marcellorum meum pectus
memoria offudit, quibus tu etiam mortuis M. Marcello
conservato dignitatem suam reddidisti nobilissimamque
familiam iam ad paucos redactam paene ab interitu vin-
dicasti. (11) Hunc tu diem tuis maximis et innumerabili-

nicht den größten Männern gleich, den halte ich für ein Ebenbild der Gottheit. (9) Dein Kriegsruhm, Caesar, wird deshalb nicht nur bei uns, sondern wohl bei allen Völkern in Wort und Schrift gepriesen werden, und kein Zeitalter wird je von deinem Lobe schweigen. Aber Taten dieser Art scheinen dennoch irgendwie, wenn man sie liest, übertönt zu werden vom Geschrei der Soldaten und dem Klang der Trompeten. Aber wenn wir irgendetwas hören oder lesen von einer Tat der Milde, Nachsicht, Gerechtigkeit, Mäßigung und Weisheit, besonders wenn dabei Zorn, der Feind jeder Überlegung, mit im Spiel war und es sich um einen Sieg handelt, wo es naturgemäß übermütig und hochfahrend zugeht – wenn wir davon hören oder lesen, wie werden wir da von Zuneigung erfasst, nicht nur bei wirklich geschehenen Taten, sondern auch bei erdichteten, sodass wir oft die lieben, die wir nie gesehen haben! (10) Dich aber, den wir hier vor uns sehen, dessen Geist, Gesinnung und Miene wir schauen, der du unangetastet sehen willst, was das Los des Krieges noch vom Staat übrig gelassen hat – wie sollen wir dich loben? Welche Zuneigung dir beweisen? Mit welchem Wohlwollen dich umfassen? Die Wände der Kurie hier, bei Gott, scheinen mir ihrem Dank an dich freudigen Ausdruck geben zu wollen dafür, dass jener angesehene Mann bald wieder seinen und den Sitz seiner Vorfahren einnehmen wird. 4 Als ich eben den Gaius Marcellus, diesen trefflichen Mann, den eine besondere Liebe zu seiner Familie auszeichnet, mit euch zusammen Tränen vergießen sah, da überkam mich die Erinnerung an alle Marceller[1], denen du nach ihrem Tode noch durch die Begnadigung des Marcus Marcellus ihre Würde wiedergegeben hast. Du hast diese hochadlige Familie, die schon auf wenige zusammengeschmolzen war, fast vom Untergang gerettet. (11) Diesen Tag wirst du daher mit

bus gratulationibus iure anteponis. Haec enim res unius est propria C. Caesaris; ceterae duce te gestae magnae
illae quidem, sed tamen multo magnoque comitatu.
Huius autem rei tu idem dux es et comes: quae quidem
tanta est ut tropaeis et monumentis tuis adlatura finem
sit aetas – nihil est enim opere et manu factum quod non
conficiat et consumat vetustas – (12) at haec tua iustitia
et lenitas florescet cotidie magis. Ita quantum operibus
tuis diuturnitas detrahet, tantum adferet laudibus. Et ceteros quidem omnis victores bellorum civilium iam antea aequitate et misericordia viceras: hodierno vero die
te ipse vicisti. Vereor ut hoc quod dicam perinde intel-
legi possit auditu atque ipse cogitans sentio: ipsam victoriam vicisse videris, cum ea quae erant adempta victis
remisisti. Nam cum ipsius victoriae iure omnes victi
occidissemus, clementiae tuae iudicio conservati sumus.
Recte igitur unus invictus es a quo etiam ipsius victoriae
condicio visque devicta est.

5 (13) Atque hoc C. Caesaris iudicium, patres conscripti, quam late pateat attendite. Omnes enim qui ad
illa arma fato sumus nescio quo rei publicae misero fu-
nestoque compulsi, etsi aliqua culpa tenemur erroris hu-
mani, ab scelere certe liberati sumus. Nam cum M. Marcellum deprecantibus vobis rei publicae conservavit, me

Recht höher schätzen als die größten und die unzähligen
dir zuteil gewordenen Dankfeste. Dieses Werk ist nämlich ganz und gar Caesars Eigentum. Die übrigen Taten,
die unter deiner Führung geschahen, sind zwar groß,
aber daran war noch eine zahlreiche Gefolgschaft betei-
ligt. Bei dieser Sache aber bist du Führer und Gefolge
zugleich. So groß ist ja diese Tat: Wenn einmal die Zeit
deinen Siegeszeichen und Denkmälern ein Ende setzen
wird – jedes Werk von Menschenhand wird einmal im
Laufe der Zeit verbraucht und aufgezehrt –, (12) da wird
deine hier bewiesene Gerechtigkeit und Milde mit jedem
Tag mehr und mehr aufblühen. So wird die Dauer der
Zeit so viel, wie sie deinen Werken abzieht, deinem
Ruhm wieder hinzufügen. Alle anderen Sieger in Bür-
gerkriegen hast du schon vorher durch Gerechtigkeitssinn und Mitleid besiegt, am heutigen Tage aber hast du
den Sieg über dich selber errungen. Ich fürchte, man ver-
steht beim Hören nicht so gut, was ich fühle und denke:
Du hast den Sieg selber besiegt, weil du seinen Gewinn
den Besiegten zurückgegeben hast. Denn nach dem
Recht des Siegers wären wir Besiegten alle dem Tod ver-
fallen gewesen, aber durch den Spruch deiner Milde sind
wir gerettet worden. Mit Recht bist du also allein der
Unbesiegte, der du Gesetz und Macht des Sieges selber
besiegt hast.

5 (13) Aber nun, Senatoren, beachtet, welch weitrei-
chende Bedeutung Caesars Entscheidung hat! Wir alle
nämlich, die wir durch Gott weiß was für ein trauri-
ges und unheilvolles Verhängnis des Staates zu den Waffen getrieben wurden, sind doch, selbst wenn wir durch
menschliches Irren irgendeine Schuld auf uns geladen
haben, eindeutig von einer verbrecherischen Haltung
freigesprochen worden. Denn indem Caesar den Marcus
Marcellus auf eure Fürsprache dem Staat erhalten hat,

et mihi et item rei publicae, nullo deprecante, reliquos
amplissimos viros et sibi ipsos et patriae reddidit, quorum et frequentiam et dignitatem hoc ipso in consessu
videtis, non ille hostis induxit in curiam, sed iudicavit a
plerisque ignoratione potius et falso atque inani metu
quam cupiditate aut crudelitate bellum esse susceptum.
(14) Quo quidem in bello semper de pace audiendum
putavi semperque dolui non modo pacem sed etiam
orationem civium pacem flagitantium repudiari. Neque
enim ego illa nec ulla umquam secutus sum arma civilia
semperque mea consilia pacis et togae socia, non belli atque armorum fuerunt. Hominem sum secutus privato
officio, non publico, tantumque apud me grati animi fi-
delis memoria valuit ut nulla non modo cupiditate sed
ne spe quidem prudens et sciens tamquam ad interitum
ruerem voluntarium. (15) Quod quidem meum consilium minime obscurum fuit. Nam et in hoc ordine inte-
gra re multa de pace dixi et in ipso bello eadem etiam
cum capitis mei periculo sensi. Ex quo nemo erit tam
iniustus rerum existimator qui dubitet quae Caesaris de
bello voluntas fuerit, cum pacis auctores conservandos
statim censuerit, ceteris fuerit iratior. Atque id minus
mirum fortasse tum cum esset incertus exitus et anceps
fortuna belli: qui vero victor pacis auctores diligit, is

hat er zugleich mich mir selber und zugleich dem Staat, und zwar ohne alle Fürbitte, zurückgegeben. Er hat auch die übrigen angesehenen Männer ihnen selber und dem Vaterland zurückerstattet, die ihr, in großer Zahl und reich an Ansehen, hier in dieser Versammlung seht. Caesar hat damit keine Staatsfeinde in die Kurie eingeführt, sondern der Meinung Ausdruck gegeben, dass die Mehrzahl eher aus Unwissenheit und aus einer falschen, nichtigen Befürchtung heraus[2] als aus Kampfeslust und Grausamkeit zu den Waffen gegriffen hat. (14) In diesem Krieg war ich immer dafür, auf die Friedensvorschläge zu hören, und es hat mir immer Kummer gemacht, dass nicht nur der Frieden selbst, sondern sogar der Ruf der Bürger nach Frieden zurückgewiesen wurde.[3] Ich habe weder hier noch jemals sonst die Waffen gegen Mitbürger ergriffen, immer waren meine Vorschläge im Bund mit dem Frieden und der Toga[4], nie mit Krieg und Waffen. Ich habe mich dem Mann[5] aus persönlichen Motiven angeschlossen, nicht aus politischen. So stark war bei mir das Gefühl einer Verpflichtung aus Dankbarkeit, dass ich mich ohne Parteisucht, ja ohne alle Hoffnung, wissend und sehenden Auges gleichsam freiwillig ins Verderben stürzte. (15) Meine Haltung war keineswegs ein Geheimnis, denn ich habe in dieser Versammlung schon vor dem Ausbruch des Krieges oft für den Frieden gesprochen und auch während des Krieges sogar unter Lebensgefahr meine Ansicht geäußert. Deshalb wird auch jetzt keiner die Dinge so ungerecht beurteilen, dass er an Caesars Meinung über den Krieg Zweifel hegt. Er glaubte nämlich die Befürworter des Friedens sogleich begnadigen zu müssen, den anderen gegenüber hegte er größeren Groll. Und darüber durfte man sich damals vielleicht weniger wundern, da der Ausgang noch ungewiss und das Kriegsglück in der Schwebe war. Wer aber

profecto declarat maluisse se non dimicare quam vincere. **6** (16) Atque huius quidem rei M. Marcello sum testis. Nostri enim sensus ut in pace semper, sic tum etiam in bello congruebant. Quotiens ego eum et quanto cum dolore vidi, cum insolentiam certorum hominum tum etiam ipsius victoriae ferocitatem extimescentem! Quo gratior tua liberalitas, C. Caesar, nobis qui illa vidimus debet esse. Non enim iam causae sunt inter se, sed victoriae comparandae.| (17) Vidimus tuam victoriam proeliorum exitu terminatam: gladium vagina vacuum in urbe non vidimus. Quos amisimus civis, eos vis Martis perculit, non ira victoriae, ut dubitare debeat nemo quin multos, si posset, C. Caesar ab inferis excitaret, quoniam ex eadem acie conservat quos potest. Alterius vero partis nihil amplius dico quam id quod omnes verebamur, nimis iracundam futuram fuisse victoriam. (18) Quidam enim non modo armatis sed interdum etiam otiosis minabantur, nec quid quisque sensisset, sed ubi fuisset cogitandum esse dicebant; ut mihi quidem videantur di immortales, etiam si poenas a populo Romano ob aliquod delictum expetiverunt, qui civile bellum tantum et tam luctuosum excitaverunt, vel placati iam vel satiati aliquando omnem spem salutis ad clementiam victoris et sapientiam contulisse.

(19) Qua re gaude tuo isto tam excellenti bono et fruere cum fortuna et gloria tum etiam natura et moribus

insolentia - übermut
vagina - Schwertscheide
perculi - zerschmettern
inferi - Tote
iracundus - aufbrausend
expetere - heftig fordern
luctuosum - kläglich

als Sieger denen seine Wertschätzung zeigt, die zum
Frieden geraten haben, der erklärt mit aller Deutlichkeit,
es sei ihm lieber gewesen, gar nicht zu kämpfen, statt zu
siegen. **6** (16) In dieser Hinsicht kann ich mich auch für
Marcus Marcellus verbürgen, denn unsre Gesinnung
stimmte wie im Frieden immer, so auch im Krieg über-
ein. Wie oft und mit welchem Schmerz sah ich ihn so-
wohl die Willkür gewisser Leute als auch die Grausamkeit des Sieges selbst fürchten! Umso willkommener
muss mir deine Großmut sein, Caesar, der ich das alles
gesehen habe. Jetzt gilt es ja nicht mehr die Gerechtigkeit der Sache, sondern das Verhalten im Sieg zu vergleichen. (17) Wir haben gesehen, dass dein Sieg mit
dem Ausgang der Schlachten zu Ende war, ein blankes
Schwert in der Stadt haben wir nicht gesehen. Die Bürger, die wir verloren, hat die Macht des Kriegsgottes zer-
schmettert, nicht die Wut des Sieges. So darf niemand
zweifeln, daß Caesar, wenn es möglich wäre, viele von
den Toten auferwecken würde, denn er rettet ja aus den
feindlichen Reihen, wen er kann. Über die andere Partei
will ich nichts weiter sagen als das, was wir alle befürch-
teten, nämlich dass ihr Sieg allzu hasserfüllt gewesen
wäre. (18) Es gab nämlich welche, die drohten nicht nur
Bewaffneten, sondern zuweilen auch denen, die sich ruhig verhielten. Nicht die Gesinnung eines jeden, sondern wo er sich aufgehalten habe, das müsse in Rech-
nung gestellt werden, sagten sie.[6] Die unsterblichen Götter haben zwar wegen irgendeines Vergehens über das
römische Volk Strafe verhängt, indem sie einen so ge-
waltigen und traurigen Bürgerkrieg erregten, doch sie
scheinen mir nun versöhnt oder endlich gesättigt und
haben alle Aussicht auf Rettung der Milde und Weisheit
des Siegers übertragen.

(19) Freue dich also dieses deines herrlichen Gutes
und finde Befriedigung ebenso an Glück und Ruhm wie

tuis; ex quo quidem maximus est fructus iucunditasque
sapienti. Cetera cum tua recordabere, etsi persaepe vir-
tuti, tamen plerumque felicitati tuae gratulabere: de nobis quos in re publica tecum simul esse voluisti quotiens
cogitabis, totiens de maximis tuis beneficiis, totiens de
incredibili liberalitate, totiens de singulari sapientia cogitabis: quae non modo summa bona sed nimirum audebo
vel sola dicere. Tantus est enim splendor in laude vera,
tanta in magnitudine animi et consili dignitas ut haec a
virtute donata, cetera a fortuna commodata esse videantur. (20) Noli igitur in conservandis viris bonis defeti-
gari, non cupiditate praesertim aliqua aut pravitate lap-
sis, sed opinione offici stulta fortasse, certe non im-
proba, et specie quadam rei publicae. Non enim tua ulla
culpa est, si te aliqui timuerunt, contraque summa laus,
quod minime timendum fuisse senserunt.

7 (21) Nunc venio ad gravissimam querelam et atrocis-
simam suspicionem tuam, quae non tibi ipsi magis quam
cum omnibus civibus, tum maxime nobis qui a te conservati sumus providenda est: quam etsi spero falsam
esse, numquam tamen extenuabo, tua enim cautio nostra
cautio est. Quod si in alterutro peccandum sit, malim videri nimis timidus quam parum prudens. Sed quisnam
est iste tam demens? de tuisne? – tametsi qui magis sunt

nimirum – ohne Zweifel
consilium – Einsicht
commodare – gewähren
pravitas – Verkehrtheit
atrox – schrecklich
extenuare – schmälern
peccare – Fehler machen

an deinem Wesen und deinem Charakter. Daraus entspringt ja der höchste Genuss und die größte Annehmlichkeit für den Weisen. Wenn du dir deine übrigen Taten vergegenwärtigst, wirst du dir sehr oft zu deiner Tüchtigkeit, aber meistens zu deinem Glück gratulieren können. Sooft du aber an uns denkst, die du mit dir im Staat wissen wolltest, wirst du an deine größten Wohltaten denken, an deine unglaubliche Großmut, an deine einzigartige Weisheit. Das wage ich nicht nur die höchsten, sondern in Wahrheit die einzigen Güter zu nennen. Denn solch ein Glanz geht von dem wahren Verdienst aus, so viel Würde liegt in der Größe des Geistes und der Einsicht, so dass dies als ein Geschenk der Tugend erscheint, das Übrige nur als ein Darlehen des Glückes. (20) Werde aber nicht müde in deinem Bemühen, tüchtige Bürger zu rehabilitieren, namentlich solche, die nicht aus Parteisucht oder Schlechtigkeit zu Fall gekommen sind, sondern aus einer verfehlten Pflichtauffassung heraus, töricht vielleicht, aber sicher nicht verbrecherisch, und im vermeintlichen Interesse des Staates. Es ist wirklich nicht deine Schuld, wenn einige dich gefürchtet haben, dagegen ist es nun dein höchstes Lob, dass sie zu der Einsicht kamen, du seiest nicht im Mindesten zu fürchten gewesen.

7 (21) Nun komme ich zu deinem schwersten Vorwurf und deinem schlimmsten Verdacht. Diesem müssen alle Bürger in gleichem Maße wie du vorbeugen und besonders wir, die wir von dir rehabilitiert worden sind. Wenn ich auch hoffe, dass dein Verdacht falsch ist, werde ich ihn doch niemals bagatellisieren. Denn deine Sicherheit ist die unsrige. Wenn deshalb auf einer Seite ein Fehler unvermeidbar ist, dann will ich lieber zu furchtsam als zu wenig umsichtig erscheinen. Aber wer wäre denn so wahnsinnig? Einer der Deinigen? Aber welche kann

tui quam quibus tu salutem insperantibus reddidisti? –
anne ex eo numero qui una tecum fuerunt? Non est cre-
dibilis tantus in ullo furor ut quo duce omnia summa sit
adeptus, huius vitam non anteponat suae. An si nihil tui
cogitant sceleris, cavendum est ne quid inimici? Qui?
omnes enim qui fuerunt aut sua pertinacia vitam amise-
runt aut tua misericordia retinuerunt, ut aut nulli super-
sint de inimicis aut qui fuerunt sint amicissimi. (22) Sed
tamen cum in animis hominum tantae latebrae sint et
tanti recessus, augeamus sane suspicionem tuam: simul
enim augebimus diligentiam. Nam quis est omnium tam
ignarus rerum, tam rudis in re publica, tam nihil umquam nec de sua nec de communi salute cogitans, qui
non intellegat tua salute contineri suam et ex unius tua
vita pendere omnium? Equidem de te dies noctesque, ut
debeo, cogitans casus dumtaxat humanos et incertos
eventus valetudinis et naturae communis fragilitatem ex-
timesco, doleoque, cum res publica immortalis esse debeat, eam in unius mortalis anima consistere. (23) Si vero
ad humanos casus incertosque motus valetudinis sceleris
etiam accedit insidiarumque consensio, quem deum, si
cupiat, posse opitulari rei publicae credimus?

pertinacia - Starrsinn
recessus - Schlupfwinkel
sane - immerhin
rudis - ungebildet
continere - verbunden
dumtaxat - bloß
consensio - Komplott

man mehr als die Deinigen bezeichnen als die, denen du die Rettung gewährt hast, ohne dass sie darauf zu hoffen wagten? Oder einer von denen, die mit dir zusammen waren? Man kann bei niemandem an eine solche Raserei glauben, dass ihm das Leben desjenigen, unter dessen Führung er das Höchste erreicht hat, nicht wertvoller wäre als sein eigenes. Oder wenn die Deinen an kein Verbrechen denken, muss man sich da vor den Feinden in Acht nehmen? Wer sind die? Alle nämlich, die es waren, haben entweder durch ihre Verstocktheit ihr Leben eingebüßt oder es durch dein Mitleid behalten. So sind keine Feinde mehr übrig, und die es waren, sind deine besten Freunde. (22) Aber da sich im menschlichen Herzen so viele Schlupfwinkel und Verstecke finden, so wollen wir immerhin deinen Argwohn verstärken, zugleich werden wir dich ja damit in deiner Vorsicht bestärken. Denn wer weiß so wenig vom Lauf der Welt, wer ist ein solcher Neuling in Staatsangelegenheiten, und wer denkt so wenig an sein eigenes und ans allgemeine Wohl, um nicht einzusehen, dass sein Heil und das deine in engster Verbindung stehen, dass von deinem Leben allein das Leben aller abhängt? Während ich, wie es meine Schuldigkeit ist, Tag und Nacht in Gedanken mit dir beschäftigt bin, wird mir allerdings angst und bang im Hinblick auf die Zufälle im Menschenleben, den schwankenden Gesundheitszustand und die allgemeine Gebrechlichkeit der Menschennatur. Ich empfinde es schmerzlich, dass der Staat, der doch unsterblich sein soll, mit dem Leben eines einzigen Sterblichen steht und fällt. (23) Wenn aber zu den Zufällen im menschlichen Leben und dem unberechenbaren Gesundheitszustand noch ein Komplott aus Verbrechen und Hinterlist kommt, was glauben wir, welcher Gott könnte da, selbst wenn er wollte, noch dem Staat zu Hilfe kommen?

8 Omnia sunt excitanda tibi, C. Caesar, uni quae iacere sentis belli ipsius impetu, quod necesse fuit, perculsa atque prostrata: constituenda iudicia, revocanda fides, comprimendae libidines, propaganda suboles, omnia quae dilapsa iam diffluxerunt severis legibus vincienda sunt. (24) Non fuit recusandum in tanto civili bello, tanto animorum ardore et armorum quin quassata res publica, quicumque belli eventus fuisset, multa perderet et ornamenta dignitatis et praesidia stabilitatis suae, multaque uterque dux faceret armatus quae idem togatus fieri prohibuisset. Quae quidem tibi nunc omnia belli volnera sananda sunt, quibus praeter te mederi nemo potest. (25) Itaque illam tuam praeclarissimam et sapientissimam vocem invitus audivi: 'Satis diu vel naturae vixi vel gloriae.' Satis, si ita vis, fortasse naturae, addam etiam, si placet, gloriae: at, quod maximum est, patriae certe parum. Qua re omitte, quaeso, istam doctorum hominum in contemnenda morte prudentiam: noli nostro periculo esse sapiens. Saepe enim venit ad meas auris te idem istud nimis crebro dicere, satis te tibi vixisse. Credo, sed tum id audirem, si tibi soli viveres aut si tibi etiam soli natus esses. Omnium salutem civium cunctamque rem publicam res tuae gestae complexae sunt; tantum abes a perfectione maximorum operum ut

8 Alles musst du ganz allein wieder aufrichten, Caesar, was du durch den Sturm des Krieges selbst – eine zwangsläufige Folge – erschüttert und vernichtet darniederliegen siehst. Das Gerichtswesen muss geordnet, Treu und Glauben wieder hergestellt, der Luxus eingedämmt werden, es muss gesorgt werden für die Steigerung der Bevölkerungszahl, alles, was sich in Zerfall und Auflösung befindet, muss durch strenge Gesetze wieder fest verbunden werden. (24) Es ließ sich in einem Bürgerkrieg von solchem Ausmaß, wo Gemüter und Waffen in gleich hitziger Bewegung waren, nicht vermeiden, dass der erschütterte Staat, wie auch immer der Krieg ausging, viele Zierden seiner Würde und Stützen seines Bestandes einbüßte. Ebenso ließ es sich nicht vermeiden, dass die Führer auf beiden Seiten bewaffnet vieles taten, was sie als Bürger in Friedenszeiten nicht hätten geschehen lassen. Alle diese Wunden des Krieges musst du nun heilen, niemand außer dir kann ihnen Abhilfe schaffen. (25) Darum habe ich deinen ausgezeichneten und sehr klugen Ausspruch nur ungern gehört: ›Lange genug habe ich gelebt, sei es für die menschliche Natur wie auch für den Ruhm.‹ Lange genug, wenn du willst, vielleicht für die Natur, ich füge hinzu, wenn es dir gefällt, auch für den Ruhm, aber, was das Wichtigste ist, für das Vaterland bestimmt nicht lange genug. Deshalb lass, ich bitte dich, diese Philosophenweisheit von der Todesverachtung – wünsche nicht, zu unserem Schaden weise zu sein! Schon oft ist mir nämlich zu Ohren gekommen, dass du nur allzu häufig diesen Ausspruch tust, du habest deinetwegen lange genug gelebt. Ich glaube es, aber es ließe sich nur dann hören, wenn du für dich allein lebtest und für dich allein geboren wärest. Aber das Heil aller Bürger, das gesamte Staatswesen ist von deiner Tätigkeit betroffen, und du bist von einer Vollendung der

fundamenta nondum quae cogitas ieceris. Hic tu modum vitae tuae non salute rei publicae, sed aequitate
animi definies? Quid, si istud ne gloriae quidem satis
est? cuius te esse avidissimum, quamvis sis sapiens, non
negabis. (26) Parumne, inquies, magna relinquemus?
Immo vero aliis quamvis multis satis, tibi uni parum.
Quicquid est enim, quamvis amplum sit, id est parum
tum cum est aliquid amplius. Quod si rerum tuarum im-
mortalium, C. Caesar, hic exitus futurus fuit ut devictis
adversariis rem publicam in eo statu relinqueres in quo
nunc est, vide, quaeso, ne tua divina virtus admirationis
plus sit habitura quam gloriae; si quidem gloria est inlu-
stris et pervagata magnorum vel in suos civis vel in pa-
triam vel in omne genus hominum fama meritorum.
9 (27) Haec igitur tibi reliqua pars est; hic restat actus, in
hoc elaborandum est ut rem publicam constituas, eaque
tu in primis summa tranquillitate et otio perfruare: tum
te, si voles, cum et patriae quod debes solveris et naturam ipsam expleveris satietate vivendi, satis diu vixisse
dicito. Quid enim est omnino hoc ipsum 'diu' in quo est
aliquid extremum? Quod cum venit, omnis voluptas
praeterita pro nihilo est, quia postea nulla est futura.
Quamquam iste tuus animus numquam his angustiis
quas natura nobis ad vivendum dedit contentus fuit,
semper immortalitatis amore flagravit. (28) Nec vero

wichtigsten Werke noch so weit entfernt, dass du noch nicht einmal nach deinen Vorstellungen den Grundstein dazu gelegt hast. Und da willst du deinem Leben nicht nach den Erfordernissen des Gemeinwohls, sondern nach deinem inneren Gleichmut das Maß setzen? Wie, wenn es nicht einmal für den Ruhm genug wäre? Danach bist du doch am begierigsten, wenn du auch ein Weiser bist, das wirst du nicht leugnen. (26) ›Ist es denn zu wenig Großes, was ich hinterlasse?‹ wirst du sagen. Nein, wenn es auch für viele gewöhnliche Menschen genug wäre, für dich allein ist es zu wenig. So bedeutend nämlich auch irgendetwas sein mag, es ist zu gering, wenn es etwas noch Bedeutenderes gibt. Wenn dies das Ende deiner unsterblichen Taten sein sollte, Caesar, dass du nach dem Sieg über deine Gegner den Staat in diesem Zustand zurückließest, in dem er sich jetzt befindet, dann sieh zu, ob deine göttliche Vollkommenheit nicht mehr Staunen als Ruhm findet. Denn der Ruhm ist die glanzvolle und weithin verbreitete Kunde großer Verdienste um die Mitbürger, das Vaterland oder das gesamte Menschengeschlecht. 9 (27) Dieser Teil bleibt dir noch übrig, dieser Akt steht noch aus: Darauf musst du hinarbeiten, dass du den Staat in Ordnung bringst[7] und dich seiner vor allen anderen in größter Ruhe und Muße erfreust. Wenn du dem Vaterland den schuldigen Tribut entrichtet hast und, gesättigt vom Leben, die Natur selbst erfüllt hast, dann magst du, wenn du willst, sagen, du hättest lange genug gelebt. Aber was heißt das: »lange«, wobei es doch ein Ende gibt? Wenn das kommt, dann ist alle vergangene Lust nichts mehr wert, nachher gibt es ja keine mehr. Allerdings war dein Geist niemals zufrieden mit diesen engen Schranken, die uns die Natur zum Leben gesetzt hat, immer brannte er von der Liebe zur Unsterblichkeit. (28) Nicht dieses Leben gilt es für

haec tua vita ducenda est quae corpore et spiritu conti-
netur: illa, inquam, illa vita est tua quae vigebit memoria
saeculorum omnium, quam posteritas alet, quam ipsa
aeternitas semper tuebitur. Huic tu inservias, huic te
ostentes oportet, quae quidem quae miretur iam pridem
multa habet; nunc etiam quae laudet exspectat. Obstu-
pescent posteri certe imperia, provincias, Rhenum, Oce-
anum, Nilum, pugnas innumerabilis, incredibilis victorias, monumenta, munera, triumphos audientes et legen-
tes tuos. (29) Sed nisi haec urbs stabilita tuis consiliis et
institutis erit, vagabitur modo tuum nomen longe atque
late, sedem stabilem et domicilium certum non habebit.
Erit inter eos etiam qui nascentur, sicut inter nos fuit,
magna dissensio, cum alii laudibus ad caelum res tuas
gestas efferent, alii fortasse aliquid requirent, idque vel
maximum, nisi belli civilis incendium salute patriae re-
stinxeris, ut illud fati fuisse videatur, hoc consili. Servi
igitur eis iudicibus qui multis post saeculis de te iudicabunt et quidem haud scio an incorruptius quam nos;
nam et sine amore et sine cupiditate et rursus sine odio
et sine invidia iudicabunt. (30) Id autem etiam si tum ad
te, ut quidam falso putant, non pertinebit, nunc certe
pertinet esse te talem ut tuas laudes obscuratura nulla
umquam sit oblivio.

dich zu führen, das von Körper und Atem eingeschlossen ist. Das, sage ich, ist dein wahres Leben, welches vom Gedächtnis aller Jahrhunderte seine Kraft bekommen wird, was die Nachwelt erhalten, was die Ewigkeit selber für immer bewahren wird. Dieser musst du deine Dienste widmen, ihr gegenüber dich ins rechte Licht setzen. Sie hat zwar schon längst vieles an dir zu bestaunen, aber jetzt erwartet sie auch etwas, das sie loben kann. Starr vor Staunen wird sicher die Nachwelt sein, wenn sie von deinen Kommandos hört und liest, von deinen Provinzen, vom Rhein, vom Ozean, vom Nil, von deinen unzähligen Schlachten, unglaublichen Siegen, von Denkmälern, von Spenden[8] und Triumphen. (29) Aber wenn diese Stadt nicht festen Grund erhält durch deine Beschlüsse und Anordnungen, dann wird dein Name nur weit und breit umherschweifen, einen festen Platz und einen sicheren Wohnsitz wird er nicht haben. Es wird sich unter denen, die nach uns geboren werden, ein großer Streit erheben, genau wie es bei uns war. Während die einen deine Taten rühmend in den Himmel heben, vermissen andere vielleicht etwas, und zwar das Wichtigste, wenn du nicht den Brand des Bürgerkriegs durch die Rettung des Vaterlandes auslöschst. Dann wird der Bürgerkrieg als vom Schicksal verschuldet erscheinen, die Rettung aber als Folge weiser Überlegung. Denke also an die Richter, die nach vielen Jahrhunderten über dich urteilen werden, und sicher unbestechlicher als wir. Denn ohne Sympathie und Parteinahme und wieder ohne Haß und Neid[9] werden sie ihr Urteil fällen. (30) Sollte dir das aber nach der fälschlichen Ansicht einiger dann nichts mehr bedeuten,[10] so bedeutet es dir doch sicher jetzt etwas, so zu leben, dass dein Ruhm niemals der Dunkelheit und dem Vergessen anheim fallen kann.

10 Diversae voluntates civium fuerunt distractaeque sententiae. Non enim consiliis solum et studiis sed armis etiam et castris dissidebamus. Erat obscuritas quaedam, erat certamen inter clarissimos duces; multi dubitabant quid optimum esset, multi quid sibi expediret, multi quid deceret, non nulli etiam quid liceret. (31) Perfuncta res publica est hoc misero fatalique bello: vicit is qui non fortuna inflammaret odium suum, sed bonitate leniret; neque omnis quibus iratus esset eosdem etiam exsilio aut morte dignos iudicaret. Arma ab aliis posita, ab aliis erepta sunt. Ingratus est iniustusque civis qui armorum periculo liberatus animum tamen retinet armatum, ut etiam ille melior sit qui in acie cecidit, qui in causa animam profudit. Quae enim pertinacia quibusdam, eadem aliis constantia videri potest. (32) Sed iam omnis fracta dissensio est armis, exstincta aequitate victoris: restat ut omnes unum velint qui habent aliquid non sapientiae modo sed etiam sanitatis. Nisi te, C. Caesar, salvo et in ista sententia qua cum antea tum hodie maxime usus es manente salvi esse non possumus. Qua re omnes te qui haec salva esse volumus et hortamur et obsecramus ut vitae, ut saluti tuae consulas, omnesque tibi, ut pro aliis etiam loquar quod de me ipso sentio, quoniam subesse aliquid putas quod cavendum sit, non modo excubias et custodias sed etiam laterum nostrorum oppositus et corporum pollicemur.

10 Ganz verschieden und geteilt sind Neigung und Gesinnung der Bürger gewesen. Denn nicht nur nach Interessen und Parteien waren wir getrennt, sondern auch in Waffen und Lager. Es herrschte eine Art Dunkelheit, es war ein Wettstreit zwischen den berühmtesten Heerführern. Viele zweifelten, was das Beste, was ihnen nützlich, was ehrenhaft sei, einige zweifelten auch, was erlaubt sei. (31) Überstanden hat der Staat nun diesen unseligen, verhängnisvollen Krieg. Gesiegt hat der, der seinen Hass nicht durch das Glück schüren ließ, sondern ihn durch Güte linderte, und der nicht alle, denen er zürnte, auch der Verbannung oder des Todes für würdig hielt. Die einen haben die Waffen niedergelegt, den anderen sind sie entrissen worden. Undankbar und ungerecht wäre der Bürger, der, von der Drohung der Waffen befreit, dennoch in seinem Herzen bewaffnet bliebe. Dann wäre ja der besser, der in der Schlacht gefallen ist, der für seine Sache das Leben hingegeben hat. Was nämlich den einen als Verbohrtheit erscheint, ist für die anderen Standhaftigkeit. (32) Aber nun ist aller Zwiespalt beendet durch die Macht der Waffen, ausgelöscht durch den Gerechtigkeitssinn des Siegers. Es bleibt nur noch übrig, dass alle, die, ich will nicht sagen, Klugheit, sondern gesunden Menschenverstand haben, ein und dasselbe wollen. Nur wenn du uns erhalten bleibst, Caesar, und in der Gesinnung verharrst, die du früher schon und heute besonders bewiesen hast, dann können auch wir uns für gesichert halten. Deshalb ermahnen und beschwören wir dich alle, die wir den Staat erhalten wissen wollen, für dein Leben und dein Wohl Sorge zu tragen. Um auch im Namen der anderen auszusprechen, was ich selber denke: Wir alle versprechen dir, da du nun einmal glaubst, Grund zur Vorsicht haben zu müssen, dich nicht nur mit Posten und Wachen, sondern mit unserer Brust und unseren Körpern zu schirmen.

11 (33) Sed ut, unde est orsa, in eodem terminetur oratio, maximas tibi omnes gratias agimus, C. Caesar, maiores etiam habemus. Nam omnes idem sentiunt, quod ex omnium precibus et lacrimis sentire potuisti. Sed quia non est omnibus stantibus necesse dicere, a me certe dici volunt, cui necesse est quodam modo, et quod fieri decet M. Marcello a te huic ordini populoque Romano et rei publicae reddito, fieri id intellego. Nam laetari omnis non ut de unius solum sed ut de omnium salute sentio. (34) Quod autem summae benevolentiae est, quae mea erga illum omnibus nota semper fuit, ut vix C. Marcello, optimo et amantissimo fratri, praeter eum quidem cederem nemini, cum id sollicitudine, cura, labore tam diu praestiterim quam diu est de illius salute dubitatum, certe hoc tempore magnis curis, molestiis, doloribus liberatus praestare debeo. Itaque, C. Caesar, sic tibi gratias ago ut me omnibus rebus a te non conservato solum sed etiam ornato, tamen ad tua in me unum innumerabilia merita, quod fieri iam posse non arbitrabar, magnus hoc tuo facto cumulus accesserit.

11 (33) Damit aber meine Rede zum Schluss wieder zu ihrem Ausgangspunkt zurückkehre: wir sprechen dir alle unseren größten Dank aus, Caesar, aber noch größer als Worte ist unsere dankbare Gesinnung. Denn alle fühlen gleich, was du aus den Bitten und Tränen aller sehen kannst. Weil es jedoch nicht nötig ist, dass alle hier aufstehen und sprechen, wollen sie, dass doch wenigstens ich rede, der ich gewissermaßen dazu verpflichtet bin. Und ich sehe das eintreten, was notwendig eintreten musste, weil du Marcus Marcellus diesem Stand, dem römischen Volk und dem Staat zurückgegeben hast. Denn alle, das fühle ich, freuen sich nicht nur über die Rettung eines Einzelnen, sondern über die der gesamten Bürgerschaft. (34) Was aber meine überaus freundschaftliche Gesinnung Marcellus gegenüber angeht, die allen immerdar bekannt war – ich stand darin kaum seinem trefflichen, liebevollen Vetter Gaius Marcellus nach, sonst aber gewiß niemandem –, so habe ich diese meine Gesinnung in Kummer, Sorge und Mühe unter Beweis gestellt, solange seine Rettung noch nicht sicher war. Da ist es keine Frage, dass ich sie jetzt, von großer Sorge, Bedrückung und Trauer befreit, bezeugen muss. Darum spreche ich dir mit diesen Worten meinen Dank aus, Caesar: Ich bin in jeder Hinsicht von dir nicht nur gerettet, sondern auch geehrt worden, aber diese deine Tat ist erst – was ich schon nicht mehr für möglich hielt – der Gipfel all deiner zahllosen Verdienste um mich.

M. Tulli Ciceronis
Pro Q. Ligario Oratio

M. Tullius Cicero
Rede für Quintus Ligarius

1 (1) Novum crimen, C. Caesar, et ante hunc diem non auditum propinquus meus ad te Q. Tubero detulit, Q. Ligarium in Africa fuisse, idque C. Pansa, praestanti vir ingenio, fretus fortasse familiaritate ea quae est ei tecum ausus est confiteri. Itaque quo me vertam nescio. Paratus enim veneram, cum tu id neque per te scires neque audire aliunde potuisses, ut ignoratione tua ad hominis miseri salutem abuterer. Sed quoniam diligentia inimici investigatum est quod latebat, confitendum est, opinor, praesertim cum meus necessarius Pansa fecerit ut id integrum iam non esset, omissaque controversia omnis oratio ad misericordiam tuam conferenda est, qua plurimi sunt conservati, cum a te non liberationem culpae, sed errati veniam impetravissent. (2) Habes igitur, Tubero, quod est accusatori maxime optandum, confitentem reum, sed tamen hoc confitentem, se in ea parte fuisse qua te, qua virum omni laude dignum, patrem tuum. Itaque prius de vestro delicto confiteamini necesse est quam Ligari ullam culpam reprehendatis.

Q. enim Ligarius, cum esset nulla belli suspicio, legatus in Africam C. Considio profectus est, qua in legatione et civibus et sociis ita se probavit ut decedens Considius provincia satis facere hominibus non posset, si

1 (1) Ein neuartiges und bis heute noch nie gehörtes Verbrechen hat mein Verwandter[1] Quintus Tubero bei dir zur Anzeige gebracht, Caesar: Quintus Ligarius sei in Afrika gewesen. Und Gaius Pansa,[2] ein ausgezeichnet begabter Mann, hat, vielleicht im Vertrauen auf seine Freundschaft zu dir, die Unvorsichtigkeit begangen, das zuzugeben. Deshalb weiß ich mir nun nicht zu raten und zu helfen. Wohlvorbereitet war ich nämlich hergekommen, um deine Unwissenheit zur Rettung eines armen Mannes auszunutzen, da du ja die Sache weder aus dir selber wissen noch sie irgendwoher gehört haben konntest.[3] Da aber durch die Gewissenhaftigkeit des Gegners das Verborgene aufgespürt wurde, muss ich nun mit einem Geständnis herausrücken, zumal mein Freund Pansa mir nicht mehr freie Hand gelassen hat. Ich will daher von der Streitfrage selbst absehen und mich mit meiner Rede ganz an dein Mitleid wenden. Durch dieses sind schon so viele gerettet worden, indem sie von dir nicht Lossprache von einer Schuld, sondern Verzeihung für einen Irrtum erlangt haben. (2) Du hast also, Tubero, was sich ein Ankläger am meisten wünscht, einen geständigen Angeklagten, er gesteht aber nur, dass er auf derselben Seite gestanden habe wie du, wie ein höchst lobenswerter Mann, dein Vater. Deshalb müsst ihr zuerst über euer eigenes Vergehen ein Geständnis ablegen, bevor ihr den Ligarius beschuldigt.

Quintus Ligarius ist, als noch keiner an Krieg dachte, als Legat[4] unter Gaius Considius[5] nach Afrika gegangen. In dieser Stellung hat er sich bei römischen Bürgern und Bundesgenossen[6] gleichermaßen so bewährt, dass Considius bei seiner Abreise aus der Provinz die Bevölke-

quemquam alium provinciae praefecisset. Itaque Ligarius, cum diu recusans nihil profecisset, provinciam accepit invitus; cui sic praefuit in pace ut et civibus et sociis gratissima esset eius integritas et fides. (3) Bellum subito exarsit, quod qui erant in Africa ante audierunt geri quam parari. Quo audito partim cupiditate inconsiderata, partim caeco quodam timore primo salutis, post etiam studi sui quaerebant aliquem ducem, cum Ligarius domum spectans, ad suos redire cupiens, nullo se implicari negotio passus est. Interim P. Attius Varus, qui tum praetor Africam obtinuerat, Uticam venit. Ad eum statim concursum est. Atque ille non mediocri cupiditate adripuit imperium, si illud imperium esse potuit quod ad privatum clamore multitudinis imperitae, nullo publico consilio deferebatur. (4) Itaque Ligarius, qui omne tale negotium fugeret, paulum adventu Vari conquievit. 2 Adhuc, C. Caesar, Q. Ligarius omni culpa vacat. Domo est egressus non modo nullum ad bellum sed ne ad minimam quidem suspicionem belli; legatus in pace profectus in provincia pacatissima ita se gessit ut ei pacem esse expediret. Profectio certe animum tuum non debet offendere: num igitur remansio? Multo minus. Nam profectio voluntatem habuit non turpem, remansio

rung nicht hätte zufriedenstellen können, wenn er die
Verwaltung der Provinz einem anderen übertragen
hätte. So übernahm denn Ligarius, nachdem er sich lange
ohne Erfolg gesträubt hatte, gegen seinen Willen die
Provinz. Er verwaltete sie während des Friedens so,
dass seine Unbestechlichkeit und Pflichttreue den größten Beifall bei Bürgern wie bei Bundesgenossen fand.
(3) Der Krieg entbrannte ganz plötzlich, in Afrika hörte
man eher von Kampfhandlungen als von Zurüstungen.
Auf die Kunde davon suchte man einen Anführer, teils
aus unüberlegter Parteileidenschaft, teils aus blinder
Furcht zuerst für das Leben, dann für die eigenen Interessen. Ligarius aber, die Blicke nach Hause gerichtet,
darauf brennend, zu seinen Angehörigen zurückzukeh-
ren, ließ sich auf nichts ein. Inzwischen kam Publius Attius Varus, der früher als Praetor Afrika verwaltet hatte,
nach Utica[7]. Um ihn sammelte sich sofort alles. Und er
riss mit nicht gerade geringem Eifer das Kommando
an sich, wenn man das ein Kommando nennen konnte,
was einem Privatmann durch das Geschrei einer uner-
fahrenen Menge ohne öffentlichen Beschluss übertragen wurde. (4) Ligarius, der allen Geschäften dieser Art
sehnlichst zu entrinnen suchte, hatte so durch die Ankunft des Varus für kurze Zeit Ruhe. **2** Bis hierher,
Caesar, ist Ligarius frei von jeder Schuld. Von Hause ist
er aufgebrochen, nicht zum Krieg, ja ohne den leisesten
Verdacht, es könnte Krieg geben. Als Legat reiste er im
Frieden ab, in der Provinz verwaltete er im tiefsten Frieden sein Amt so, dass es der Provinz nur vom Vorteil
sein konnte, wenn der Frieden andauerte. Seine Abreise
darf also gewiss nicht deinen Unwillen erregen. Also
etwa sein Dortbleiben? Das noch viel weniger. Denn
seine Abreise beruhte auf seinem keineswegs unehren-
haften freien Willen, sein Bleiben aber war die Folge ei-

necessitatem etiam honestam. Ergo haec duo tempora
carent crimine: unum cum est legatus profectus, alterum
cum efflagitatus a provincia praepositus Africae est.
(5) Tertium tempus quod post adventum Vari in Africa
restitit, si est criminosum, necessitatis crimen est, non
voluntatis. An ille, si potuisset illinc ullo modo evadere,
Uticae quam Romae, cum P. Attio quam cum concordis-
simis fratribus, cum alienis esse quam cum suis maluisset? Cum ipsa legatio plena desideri ac sollicitudinis fuisset propter incredibilem quendam fratrum amorem,
hic aequo animo esse potuit belli discidio distractus a
fratribus?

(6) Nullum igitur habes, Caesar, adhuc in Q. Ligario
signum alienae a te voluntatis; cuius ego causam animadverte, quaeso, qua fide defendam: prodo meam. O clementiam admirabilem atque omnium laude, praedica-
tione, litteris monumentisque decorandam! M. Cicero
apud te defendit alium in ea voluntate non fuisse in qua
se ipsum confitetur fuisse, nec tuas tacitas cogitationes
extimescit nec quid tibi de alio audienti de se occurrat
reformidat. 3 Vide quam non reformidem; vide quanta
lux liberalitatis et sapientiae tuae mihi apud te dicenti
oboriatur: quantum potero voce contendam ut hoc po-

ner ehrenhaften Zwangslange. Also ergeben sich aus diesen beiden Zeitabschnitten keine Beschuldigungsgründe: zum einen, aus seiner Abreise als Legat, zum anderen, als ihm auf dringenden Wunsch der Provinz die Verwaltung Afrikas übertragen wurde. (5) Der dritte Zeitpunkt ist der, als er nach der Ankunft des Varus in Afrika blieb. Wenn das ein Verbrechen ist, so ist es ein Verbrechen aus Zwang, nicht aus freiem Willen. Wäre er, wenn er von dort irgendwie hätte entkommen können, etwa lieber in Utica als in Rom gewesen, lieber bei Publius Attius [Varus] als bei seinen Brüdern, mit denen er ein Herz und eine Seele war – lieber bei Fremden als bei den eigenen Angehörigen? Schon während seiner Zeit als Legat war er voll Sehnsucht und Sorge gewesen aus seiner wahrhaft außergewöhnlichen Liebe zu seinen Brüdern[8] heraus – hätte er es da mit Gleichmut hinnehmen können, durch das Zerwürfnis des Krieges von der Seite der Brüder gerissen zu werden?

(6) Bis hierher findest du also bei Ligarius noch kein Zeichen von Abneigung gegen dich, Caesar. Schau, ich bitte dich, mit welcher Gewissenhaftigkeit ich seine Sache verteidige: ich gebe meine eigene dabei preis. Bewundernswerte Milde, die es verdient, mit allem Lob und Preis, durch Schrift und Denkmal verherrlicht zu werden! Marcus Cicero verteidigt vor dir einen anderen, die Gesinnung nicht gehabt zu haben, die er für sich selber offen zugibt. Er fürchtet sich nicht davor, was du im Stillen denkst, er scheut nicht zurück vor der Vorstellung, was dir über ihn selber einfallen könnte, während du etwas über einen anderen erfährst. 3 Sieh nur, wie wenig mich das schreckt! Sieh, wie hell mir das Licht deines Edelmutes und deiner Weisheit aufgeht, während ich vor dir spreche! So laut ich kann, will ich meine Stimme erheben, daß das römische Volk dies hört:

pulus Romanus exaudiat. (7) Suscepto bello, Caesar, ges-
to etiam ex parte magna, nulla vi coactus, iudicio ac voluntate ad ea arma profectus sum quae erant sumpta
contra te. Apud quem igitur hoc dico? Nempe apud
eum qui, cum hoc sciret, tamen me, ante quam vidit, rei
publicae reddidit; qui ad me ex Aegypto litteras misit ut
essem idem qui fuissem; qui me, cum ipse imperator in
toto imperio populi Romani unus esset, esse alterum
passus est; a quo hoc ipso C. Pansa mihi hunc nuntium
perferente concessos fascis laureatos tenui quoad te-
nendos putavi; qui mihi tum denique salutem se putavit dare, si eam nullis spoliatam ornamentis dedisset.
(8) Vide, quaeso, Tubero, ut, qui de meo facto non dubi-
tem, de Ligari audeam dicere. Atque haec propterea de
me dixi ut mihi Tubero, cum de se eadem dicerem, ignos-
ceret; cuius ego industriae gloriaeque faveo vel propter propinquam cognationem, vel quod eius ingenio
studiisque delector, vel quod laudem adulescentis pro-
pinqui existimo etiam ad meum aliquem fructum redun-
dare. (9) Sed hoc quaero: Quis putat esse crimen fuisse in
Africa? Nempe is qui et ipse in eadem provincia esse vo-
luit et prohibitum se a Ligario queritur, et certe contra
ipsum Caesarem est congressus armatus. Quid enim,
Tubero, tuus ille destrictus in acie Pharsalica gladius age-
bat? cuius latus ille mucro petebat? qui sensus erat
armorum tuorum? quae tua mens, oculi, manus, ardor

(7) Als der Krieg schon begonnen hatte, Caesar, ja als man schon mitten drin war, da bin ich, durch keine Gewalt gezwungen, nach eigenem Ermessen und aus freiem Willen zu denen abgereist, die die Waffen gegen dich ergriffen hatten. Vor wem sage ich das nun? Doch vor dem, der mich, obwohl er das wusste, dennoch dem Staat wiedergab, bevor er mich auch nur gesehen hatte. Er hat mir von Ägypten aus geschrieben, ich sollte derselbe bleiben, der ich gewesen war. Er war im ganzen römischen Reich der alleinige Imperator und duldete mich als zweiten.[9] Er ließ mich auf Botschaft des Gaius Pansa hier die lorbeergeschmückten Rutenbündel behalten, solange ich wollte. Er glaubte, mich erst dann wahrhaft gerettet zu haben, wenn er mir diese Rettung ohne Schmälerung meiner Auszeichnungen zuteil werden ließ. (8) Sieh doch, Tubero, wie ich, während ich aus meiner Haltung keinen Hehl mache, über die des Ligarius zu sprechen wage. Ich habe das aber deshalb über mich gesagt, damit mir Tubero verzeiht, wenn ich über ihn dasselbe sage. Ich bin ja eingenommen für seinen regen Fleiß und seinen Ruhm, sei es unserer nahen Verwandtschaft wegen, sei es, weil ich Freude habe an seinem Talent und seinen wissenschaftlichen Studien oder weil ich erwarte, dass vom Ruhm meines jungen Verwandten auch ein wenig Glanz auf mich fällt. (9) Aber ich frage: Wer hält es für ein Verbrechen, in Afrika gewesen zu sein? Doch der, der selbst in dem gleichen Afrika sein wollte, der sich beschwert, von Ligarius daran gehindert worden zu sein, und der ganz unbestreitbar Caesar selbst mit den Waffen in der Hand entgegengetreten ist. Denn worauf zielte dein gezücktes Schwert in der Schlacht von Pharsalos, Tubero? Wessen Brust suchte die Spitze dieses Schwertes? Was für eine Absicht hatten deine Waffen? Worauf richteten sich dein Sinn, deine

animi? quid cupiebas, quid optabas? Nimis urgeo; commoveri videtur adulescens. Ad me revertar. Isdem in armis fui.   4 (10) Quid autem aliud egimus, Tubero, nisi ut
quod hic potest nos possemus? Quorum igitur impuni-
tas, Caesar, tuae clementiae laus est, eorum ipsorum ad
crudelitatem te acuet oratio? Atque in hac causa non nihil equidem, Tubero, etiam tuam, sed multo magis patris
tui prudentiam desidero, quod homo cum ingenio tum
etiam doctrina excellens genus hoc causae quod esset
non viderit. Nam si vidisset, quovis profecto quam isto
modo a te agi maluisset. Arguis fatentem. Non est satis:
accusas eum qui causam habet aut, ut ego dico, melio-
rem quam tu aut, ut tu vis, parem. (11) Haec admirabilia,
sed prodigi simile est quod dicam. Non habet eam vim
ista accusatio ut Q. Ligarius condemnetur, sed ut nece-
tur. Hoc egit civis Romanus ante te nemo: externi sunt
isti mores aut levium Graecorum aut immanium barba-
rorum. Nam quid agis aliud? ut Romae ne sit, ut domo
careat, ne cum optimis fratribus, ne cum hoc T. Broccho
avunculo, ne cum eius filio consobrino suo, ne nobiscum vivat, ne sit in patria? Num est, num potest magis
carere his omnibus quam caret? Italia prohibetur, exsul-
tat. Non tu hunc ergo patria privare, qua caret, sed vita

Augen, deine Hände, dein glühender Eifer? Wonach
giertest du? Wonach verlangtest du? Doch ich treibe
euch zu sehr in die Enge; der junge Mann scheint mir
unruhig zu werden. Ich will auf mich selbst zurückkom-
men: Ich stand unter denselben Waffen. 4 (10) Was aber
betrieben wir anderes, Tubero, als die Macht zu haben,
die dieser besitzt? Sollen nun die, deren Straflosigkeit
zum Ruhm deiner Milde beiträgt, Caesar, dich durch
ihre Worte zur Grausamkeit aufhetzen? Indessen ver-
misse ich in dieser Sache ein bisschen deine Klugheit,
Tubero, noch mehr aber die deines Vaters: dass nämlich
dieser Mann von Talent und Wissen nicht das Besondere
an diesem Prozess gesehen hat. Denn wenn er es gesehen
hätte, dann wäre es ihm ganz bestimmt lieber gewesen,
du würdest den Prozess auf jede andere als auf diese
Weise führen. Du klagst einen an, der geständig ist.
Nicht genug, du klagst einen an, dessen Sache, wie ich
behaupte, entweder besser ist als deine oder, wenn du
willst, genauso gut. (11) Darüber muß man sich wundern, aber geradezu ungeheuerlich ist das, was jetzt
kommt. Diese Anklage läuft nicht darauf hinaus, dass
Quintus Ligarius verurteilt wird, sondern dass man ihn
tötet.[10] Das hat noch kein römischer Bürger vor dir getan, das sind fremde Sitten, entweder von leichtfertigen
Griechen oder von unmenschlichen Barbaren. Denn
worauf willst du sonst hinaus? Dass er nicht in Rom
sein darf, dass er seine Familie entbehrt, dass er nicht
mit seinen trefflichen Brüdern, nicht mit Titus Brocchus
hier, seinem Onkel, nicht mit dessen Sohn, seinem Vetter, dass er nicht mit uns hier leben, dass er nicht im Vaterland sein darf? Ist er es denn, kann er denn das alles
noch mehr entbehren, als er es tut? Er darf Italien nicht
betreten, er ist verbannt. Nicht das Vaterland willst du
ihm also rauben, das entbehrt er ja bereits, sondern sein

vis. (12) At istud ne apud eum quidem dictatorem qui omnis quos oderat morte multabat quisquam egit isto modo. Ipse iubebat occidi nullo postulante, praemiis invitabat; quae tamen crudelitas ab hoc eodem aliquot annis post quem tu nunc crudelem esse vis vindicata est. 5 'Ego vero istud non postulo' inquies. Ita me hercule existimo, Tubero. Novi enim te, novi patrem, novi domum nomenque vestrum; studia generis ac familiae vestrae virtutis, humanitatis, doctrinae, plurimarum artium atque optimarum nota mihi sunt. (13) Itaque certo scio vos non petere sanguinem, sed parum attenditis. Res enim eo spectat ut ea poena in qua adhuc Q. Ligarius sit non videamini esse contenti. Quae est igitur alia praeter mortem? Si enim est in exsilio, sicuti est, quid amplius postulatis? an, ne ignoscatur? Hoc vero multo acerbius multoque durius. Quodne nos petimus precibus ac lacrimis, strati ad pedes, non tam nostrae causae fidentes quam huius humanitati, id ne impetremus pugnabis, et in nostrum fletum inrumpes, et nos iacentis ad pedes supplicum voce prohibebis? (14) Si, cum hoc domi faceremus, quod et fecimus et, ut spero, non frustra fecimus, tu repente inruisses et clamare coepisses 'C. Caesar, cave credas, cave ignoscas, cave te fratrum pro fratris salute obsecrantium misereat,' nonne omnem humanitatem exuisses? Quanto hoc durius, quod nos domi petimus,

Leben. (12) Aber so etwas hat noch nicht einmal einer
bei dem Diktator, der alle, die er hasste, mit dem Tode
bestrafte, auf diese Weise durchgesetzt. Dieser gab Be-
fehl, jemand zu töten, auch wenn es keiner verlangte,
durch Belohnungen lud er dazu ein. Diese Grausamkeit
hat jedoch gerade der Mann einige Jahre später geahn-
det, den du jetzt grausam haben willst.[11] 5 ›Das fordere
ich ja gar nicht‹, wirst du sagen. Wahrhaftig, das glaube
ich dir, Tubero. Ich kenne dich ja, kenne deinen Vater,
kenne dein Haus und deinen Namen. Der Eifer eures
Geschlechts und eurer Familie für Rechtschaffenheit,
Menschlichkeit, Bildung und so viele hervorragende
Wissenschaften ist mir wohlbekannt. (13) Deshalb weiß
ich genau, dass ihr nicht nach Blut dürstet, aber ihr handelt etwas unüberlegt. Die Sache sieht nämlich so aus, als
wäret ihr mit der Strafe, die Ligarius zur Zeit verbüßt,
nicht zufrieden. Was gibt es aber sonst noch für eine außer den Tod? Denn wenn er im Exil ist – und das ist er
ja nun –, was fordert ihr noch darüber hinaus? Etwa,
dass er keine Verzeihung erlangt? Das ist aber noch viel
bitterer, viel härter. Was wir mit Bitten und Tränen kniefällig erflehen, nicht so sehr im Vertrauen auf unsere Sache als vielmehr auf die Menschlichkeit dieses Mannes,
dagegen willst du ankämpfen, das sollen wir nicht erreichen? Gegen unsere Tränen stürmst du mit Gewalt an,
du willst uns hindern, dass wir auf den Knien bittfle-
hend unsere Stimme erheben? (14) Als wir das in Caesars Haus taten – wie wir es wirklich und, wie ich hoffe,
nicht vergeblich getan haben –, wenn du da plötzlich
hereingestürmt wärest und gerufen hättest: ›Caesar, hüte
dich! Glaube ihnen nicht, gewähre keine Verzeihung,
lass dich nicht vom Mitleid mit den Brüdern rühren, die
um die Rettung ihres Bruders flehen!‹, hättest du damit
nicht jedes menschliche Gefühl abgelegt? Wieviel härter
ist es aber, dass du, was wir im Hause erbaten, auf dem

id a te in foro oppugnari et in tali miseria multorum per-
fugium misericordiae tolli? Dicam plane, Caesar, quod
sentio. (15) Si in tanta tua fortuna lenitas tanta non esset,
quam tu per te, per te, inquam, obtines – intellego quid
loquar –, acerbissimo luctu redundaret ista victoria.
Quam multi enim essent de victoribus qui te crudelem
esse vellent, cum etiam de victis reperiantur! quam multi
qui cum a te ignosci nemini vellent, impedirent clementiam tuam, cum hi quibus ipsis ignovisti nolint te esse in
alios misericordem! (16) Quod si probare Caesari possemus in Africa Ligarium omnino non fuisse, si honesto et
misericordi mendacio saluti civi calamitoso esse velle-
mus, tamen hominis non esset in tanto discrimine et periculo civis refellere et coarguere nostrum mendacium,
et, si esset alicuius, eius certe non esset qui in eadem
causa et fortuna fuisset. Sed tamen aliud est errare Caesarem nolle, aliud est nolle misereri. Tum diceres: 'Caesar, cave credas: fuit in Africa, tulit arma contra te.'
Nunc quid dicis? 'Cave ignoscas.' Haec nec hominis nec
ad hominem vox est. Qua qui apud te, C. Caesar, ute-
tur, suam citius abiciet humanitatem quam extorquebit
tuam.

6 (17) Ac primus aditus et postulatio Tuberonis haec,
ut opinor, fuit, velle se de Q. Ligari scelere dicere. Non

Forum bekämpfst und, während so viele im Elend sind,
den Zufluchtsweg zum Mitleid abschneiden willst. Ich
will offen sagen, was ich denke, Caesar. (15) Wenn es in
dieser deiner hohen Stellung nicht auch deine große
Milde gäbe, wie du sie aus dir heraus, ja ganz aus dir heraus besitzt – ich weiß, was ich sage – dann würde dieser
Sieg überströmen von bitterstem Weh. Denn wie viele
von den Siegern gäbe es, die dich grausam haben wollten, wenn sich solche sogar unter den Besiegten finden!
Wie viele gäbe es, die dich in der Ausübung deiner Milde
hindern wollten, indem sie dafür wären, dass du gar
niemandem verzeihst, wenn sogar die Begnadigten selber nicht wollen, dass du gegen andere mitleidig bist!
(16) Könnten wir Caesar überzeugen, Ligarius sei überhaupt nicht in Afrika gewesen – falls wir durch eine
achtbare und barmherzige Lüge einen unglücklichen
Mitbürger retten wollten –, dann wäre es dennoch unmenschlich, wenn sich ein Mitbürger in einer solch kriti-
schen und gefährlichen Lage befände, unsere Lüge auf-
zudecken und zu widerlegen. Und wenn das einer tun
könnte, dann aber bestimmt nicht der, der auf derselben
Seite und genau in derselben Situation war. Doch es sind
zwei verschiedene Dinge, nicht zu wollen, dass Caesar
sich im Irrtum befindet, oder, dass er kein Mitleid zeigen
soll. Im ersten Fall konntest du sagen: ›Caesar, glaub ja
nichts, er war in Afrika, er hat die Waffen gegen dich erhoben!‹ Was sagst du aber jetzt? ›Verzeih ihm ja nicht!‹
Das ist nicht die Stimme eines Menschen, und so spricht
man nicht zu einem Menschen. Wer eine solche Spra-
che dir gegenüber führt, Caesar, der wird eher seine eigene Menschlichkeit von sich werfen, als dir die deine
entwinden.[12]

6 (17) Tubero hat, glaube ich, in seinem Klagegesuch
damit angefangen, er wolle vom Verbrechen des Ligarius

dubito quin admiratus sis, vel quod nullo de alio quisquam, vel quod is qui in eadem causa fuisset, vel quid-
nam novi sceleris adferret. 'Scelus' tu illud vocas, Tubero? cur? isto enim nomine illa adhuc causa caruit. Alii
errorem appellant, alii timorem; qui durius, spem, cupi-
ditatem, odium, pertinaciam; qui gravissime, temerita-
tem: scelus praeter te adhuc nemo. Ac mihi quidem, si
proprium et verum nomen nostri mali quaeritur, fatalis
quaedam calamitas incidisse videtur et improvidas hominum mentis occupavisse, ut nemo mirari debeat hu-
mana consilia divina necessitate esse superata. (18) Liceat
esse miseros – quamquam hoc victore esse non possumus; sed non loquor de nobis, de illis loquor qui occide-
runt – fuerint cupidi, fuerint irati, fuerint pertinaces: sceleris vero crimine, furoris, parricidi liceat Cn. Pompeio
mortuo, liceat multis aliis carere. Quando hoc ex te quisquam, Caesar, audivit, aut tua quid aliud arma voluerunt
nisi a te contumeliam propulsare? Quid egit tuus invictus exercitus nisi uti suum ius tueretur et dignitatem
tuam? Quid? tu, cum pacem esse cupiebas, idne agebas
ut tibi cum sceleratis an ut cum bonis civibus conveniret? (19) Mihi vero, Caesar, tua in me maxima merita
tanta certe non viderentur, si me ut sceleratum a te con-

reden. Sicher hast du dich gewundert: erstens, dass niemand von irgendeinem anderen so sprach, zweitens, dass einer es tut, der derselben Partei angehörte, und außerdem, was er da wohl für ein neues Verbrechen vorbrächte. Ein Verbrechen nennst du das, Tubero? Warum? So hat man diesen Tatbestand bisher noch nie genannt. Die einen nennen es einen Irrtum, die anderen Furcht, die sich härter ausdrücken, sprechen von Erfolgsaussichten, Parteiinteresse, Hass, Verbohrtheit. Der härteste Ausdruck lautet: blindwütiges Draufloshandeln. ›Verbrechen‹ hat bisher außer dir keiner gesagt. Mir will scheinen, wenn man den eigentlichen und wahren Namen sucht für unsere unglückliche Lage, dann ist ein vom Schicksal verhängtes Unheil über uns hereingebrochen und hat Besitz ergriffen von den nichtsahnenden Gemütern der Menschen. Deshalb darf sich niemand wundern, dass menschliches Planen durch göttliche höhere Gewalt überwunden wurde. (18) Man lasse uns doch unglücklich sein, obwohl wir es unter einem solchen Sieger gar nicht sein können. Aber ich rede nicht von uns, von denen rede ich, die gefallen sind. Mögen sie von Parteileidenschaft entflammt, wütend und verstockt gewesen sein, von der Anklage eines Verbrechens, der Raserei, des Mordes am Vaterland aber soll der tote Gnaeus Pompeius, sollen die vielen anderen frei sein. Wann hat einer dies jemals von dir gehört, Caesar, oder was wollten deine Waffen anderes als eine Schmach von dir abwenden?[13] Was hat dein unbesiegtes Heer anderes getan, als sein Recht und deine Würde zu schützen? Wie? Hattest du bei deinen Friedensbestrebungen die Absicht, mit Verbrechern oder mit guten Bürgern eine Übereinkunft zu treffen? (19) Mir jedenfalls, Caesar, kämen deine großen Verdienste um mich sicherlich nicht so groß vor, wenn ich glauben müsste, ich sei als ein Ver-

servatum putarem. Quo modo autem tu de re publica
bene meritus esses, cum tot sceleratos incolumi dignitate
esse voluisses? Secessionem tu illam existimavisti, Caesar, initio, non bellum, nec hostile odium, sed civile dis-
cidium, utrisque cupientibus rem publicam salvam, sed
partim consiliis, partim studiis a communi utilitate aber-
rantibus. Principum dignitas erat paene par, non par
fortasse eorum qui sequebantur; causa tum dubia, quod
erat aliquid in utraque parte quod probari posset; nunc
melior ea iudicanda est quam etiam di adiuverunt. Cognita vero clementia tua quis non eam victoriam probet
in qua occiderit nemo nisi armatus?

7 (20) Sed, ut omittam communem causam, veniamus
ad nostram. Utrum tandem existimas facilius fuisse, Tubero, Ligario ex Africa exire an vobis in Africam non ve-
nire? 'Poteramusne' inquies 'cum senatus censuisset?' Si
me consulis, nullo modo; sed tamen Ligarium senatus
idem legaverat. Atque ille eo tempore paruit cum parere
senatui necesse erat; vos tum paruistis cum paruit nemo
qui noluit. Reprehendo igitur? Minime vero. Neque
enim licuit aliter vestro generi, nomini, familiae, disci-
plinae. Sed hoc non concedo ut, quibus rebus gloriemini
in vobis, easdem in aliis reprehendatis. (21) Tuberonis
sors coniecta est ex senatus consulto, cum ipse non ades-
set, morbo etiam impediretur: statuerat excusari. Haec

brecher von dir begnadigt worden. Und wie hättest du dich um den Staat so verdient machen können, da du doch dann so viele Verbrecher im unangetasteten Besitz ihrer Würde gelassen hättest? Für eine Spaltung hast du es im Anfang gehalten, Caesar, nicht für einen Krieg, nicht für feindlichen Hass, sondern für einen Zwist unter Bürgern. Dabei lag beiden Parteien das Wohl des Staates am Herzen, aber in den Maßnahmen wie im Parteieifer verfehlte man das Allgemeinwohl. Das Ansehen der Führer war fast gleich, das ihrer Anhänger vielleicht nicht so ganz.[14] Die Sache war damals unentschieden, da man auf jeder Seite etwas fand, was man billigen konnte. Nun muss man die Sache für die bessere erklären, die auch die Götter unterstützt haben. Nachdem wir aber deine Milde kennengelernt haben, wer sollte da einen Sieg nicht billigen, bei dem nur Bewaffnete umkamen?

7 (20) Doch ich will die allgemeine Lage beiseite lassen, kommen wir zu unserer eigenen. Was glaubst du, Tubero, sei leichter gewesen: dass Ligarius aus Afrika herauskam oder dass ihr nicht hineinkamt? ›Stand es denn in unserer Macht‹, wirst du sagen, ›da der Senat es beschlossen hatte?‹ Wenn du mich fragst: nein. Aber derselbe Senat hatte Ligarius als Legaten hingeschickt. Und außerdem gehorchte er zu einer Zeit, als man dem Senat notwendigerweise Gehorsam leistete, ihr aber gehorchtet, als dies niemand zu tun brauchte, der nicht wollte. Tadle ich euch nun deshalb? Ganz und gar nicht, denn nichts anderes stand euch frei in Rücksicht auf euer Geschlecht, euren Namen, eure Familie, eure Erziehung. Aber das dulde ich nicht, dass ihr das Gleiche, was ihr an euch rühmt, anderen zum Vorwurf macht. (21) Über Tubero wurde auf Senatsbeschluss durch Losentscheid abgestimmt. Er selber war nicht anwesend, sondern durch Krankheit verhindert. Er hatte beschlos-

ego novi propter omnis necessitudines quae mihi sunt
cum L. Tuberone: domi una eruditi, militiae contuberna-
les, post adfines, in omni vita familiares; magnum etiam
vinculum quod isdem studiis semper usi sumus. Scio Tu-
beronem domi manere voluisse: sed ita quidam agebant,
ita rei publicae sanctissimum nomen opponebant ut,
etiam si aliter sentiret, verborum tamen ipsorum pondus
sustinere non posset. (22) Cessit auctoritati amplissimi
viri vel potius paruit: una est profectus cum eis quorum
erat una causa. Tardius iter fecit; itaque in Africam venit
iam occupatam. Hinc in Ligarium crimen oritur vel ira
potius. Nam si crimen est voluisse, non minus magnum
est vos Africam, arcem omnium provinciarum, natam ad
bellum contra hanc urbem gerendum, obtinere voluisse
quam aliquem se maluisse. Atque is tamen aliquis Ligarius non fuit: Varus imperium se habere dicebat; fascis
certe habebat. (23) Sed quoquo modo se illud habet, haec
querela, Tubero, vestra quid valet? 'Recepti in provinciam non sumus.' Quid, si essetis? Caesarine eam tradi-
turi fuistis an contra Caesarem retenturi?   8 Vide quid
licentiae, Caesar, nobis tua liberalitas det vel potius au-
daciae. Si responderit Tubero, Africam, quo senatus eum
sorsque miserat, tibi patrem suum traditurum fuisse,

sen, Entschuldigungsgründe gegen die Übernahme des
Amtes vorzubringen. Das weiß ich aufgrund all der Ver-
bindungen, die ich zu Lucius Tubero habe: Zu Hause
wurden wir gemeinsam unterrichtet, im Krieg waren
wir Kameraden, später verschwägert, das ganze Leben
freundschaftlich verbunden. Ein starkes Band zwischen
uns bildete auch immer die Beschäftigung mit den
gleichen Wissenschaften. Ich weiß also, dass Tubero zu
Hause bleiben wollte. Aber gewisse Leute betrieben die
Sache mit solchem Nachdruck, führten den heiligen Namen der *res publica* ins Feld, sodass Tubero, wenn er auch
anderer Meinung war, doch dem gewichtigen Einfluss
solcher Männer nicht widerstehen konnte. (22) Er fügte
sich also der Autorität des hochangesehenen Mannes,[15]
oder besser, er gehorchte. Er reiste zugleich mit denen
ab, die die gleiche Sache vertraten. Aber er reiste langsa-
mer, deshalb kam er nach Afrika, nachdem es schon besetzt war. Hier beginnt die Anklage gegen Ligarius oder
vielmehr der Zorn auf ihn. Denn wenn es ein Verbrechen ist, etwas gewollt zu haben, dann ist es kein gerin-
geres, dass ihr Afrika, das Bollwerk aller Provinzen, wie
geschaffen, um Krieg zu führen gegen diese Stadt, in Besitz nehmen wolltet, als dass irgendein anderer es lieber
für sich haben wollte. Und dieser andere war gar nicht
einmal Ligarius. Varus behauptete von sich, er habe
das Kommando, die Rutenbündel hatte er jedenfalls.
(23) Aber sei es, wie es wolle, was soll eure Klage bedeuten, Tubero? ›Man verweigerte uns die Aufnahme in die
Provinz.‹ Und was, wenn nicht? Hättet ihr sie Caesar
übergeben oder hättet ihr sie gegen Caesar gehalten?
8 Sieh nur, Caesar, was uns deine Großmut für eine Freiheit oder besser Frechheit gibt! Wenn Tubero antworten
würde, sein Vater habe Afrika, wohin ihn der Senat und
das Los gesandt hatten, dir übergeben wollen, würde ich

non dubitabo apud ipsum te cuius id eum facere inter-
fuit gravissimis verbis eius consilium reprehendere. Non
enim, si tibi ea res grata fuisset, esset etiam approbata.
(24) Sed iam hoc totum omitto, non ultra offendam tuas
patientissimas auris quam ne Tubero quod numquam
cogitavit facturus fuisse videatur. Veniebatis igitur in
provinciam, unam ex omnibus huic victoriae maxime in-
fensam, in qua rex potentissimus inimicus huic causae,
aliena voluntas conventus firmi atque magni. Quaero:
Quid facturi fuistis? quamquam quid facturi fueritis du-
bitem, cum videam quid feceritis? Prohibiti estis in provincia vestra pedem ponere et prohibiti summa cum
iniuria. (25) Quo modo id tulistis? acceptae iniuriae querelam ad quem detulistis? Nempe ad eum cuius auctoritatem secuti in societatem belli veneratis. Quod si Caesaris causa in provinciam veniebatis, ad eum profecto exclusi provincia venissetis. Venistis ad Pompeium.
Quae est ergo apud Caesarem querela, cum eum accuse-
tis a quo queramini prohibitos vos contra Caesarem gerere bellum? Atque in hoc quidem vel cum mendacio, si
voltis, gloriemini per me licet, vos provinciam fuisse
Caesari tradituros. Etiam si a Varo et a quibusdam aliis
prohibiti estis, ego tamen confitebor culpam esse Ligari
qui vos tantae laudis occasione privarit. 9 (26) Sed vide,
quaeso, Caesar, constantiam ornatissimi viri L. Tuberonis, quam ego, quamvis ipse probarem, ut probo, tamen

seine Absicht bedenkenlos mit den härtesten Ausdrücken tadeln, vor dir selber, in dessen Interesse eine solche Tat ja gewesen wäre. Wenn dir die Sache auch noch so willkommen gewesen wäre, du hättest sie niemals gebilligt. (24) Aber diesen ganzen Komplex lasse ich jetzt beiseite, nicht um dein äußerst geduldiges Ohr nicht noch weiter zu beleidigen, sondern damit es nicht so aussieht, als habe Tubero Dinge vorgehabt, an die er nicht im Traum gedacht hat. Ihr kamt also nach Afrika, in die Provinz, die die größte Feindschaft von allen gegen diesen Sieg hegte. Hier gab es einen sehr mächtigen König,[16] der ein Feind dieser Sache war, und feindlich war auch die Gesinnung einer starken und zahlreichen Bürgerschaft. Ich frage: Was wolltet ihr tun? Kann ich aber im Zweifel sein, was ihr getan hättet, da ich doch sehe, was ihr wirklich getan habt? Ihr seid daran gehindert worden, den Fuß in eure Provinz zu setzen, daran gehindert mit größtem Unrecht. (25) Wie habt ihr das ertragen? Bei wem habt ihr eine Klage über das erlittene Unrecht eingebracht? Natürlich bei dem, dessen Autorität ihr folgtet, als ihr euch am Krieg beteiligtet. Kamt ihr wegen Caesar in die Provinz, wäret ihr sicher sofort zu ihm gekommen, als man euch aus der Provinz fortwies. Ihr seid aber zu Pompeius gegangen. Was soll also diese Klage bei Caesar, da ihr doch den beschuldigt, der euch, wie eure Klage lautet, daran gehindert hat, gegen Caesar Krieg zu führen? Von mir aus rühmt euch, wenn ihr wollt, mit der Lüge, ihr hättet Caesar die Provinz übergeben wollen. Ihr seid zwar von Varus und anderen daran gehindert worden, ich will aber zugeben, daß Ligarius daran schuld ist, der euch einer solch rühmlichen Tat beraubt hat. 9 (26) Sieh dir aber doch die Standhaftigkeit dieses ehrenwerten Mannes, des Lucius Tubero, an, die ich, wenn ich sie auch für richtig hielte – was ich

non commemorarem, nisi a te cognovissem in primis
eam virtutem solere laudari. Quae fuit igitur umquam in
ullo homine tanta constantia? Constantiam dico; nescio
an melius patientiam possim dicere. Quotus enim istud
quisque fecisset ut, a quibus partibus in dissensione civili
non esset receptus, essetque etiam cum crudelitate reiectus, ad eas ipsas partis rediret? Magni cuiusdam animi
atque eius viri quem de suscepta causa propositaque sententia nulla contumelia, nulla vis, nullum periculum posset depellere. (27) Ut enim cetera paria Tuberoni cum
Varo fuissent, honos, nobilitas, splendor, ingenium, quae
nequaquam fuerunt, hoc certe praecipuum Tuberonis
quod iusto cum imperio ex senatus consulto in provinciam suam venerat. Hinc prohibitus non ad Caesarem ne
iratus, non domum ne iners, non aliquam in regionem ne
condemnare causam illam quam secutus esset videretur:
in Macedoniam ad Cn. Pompei castra venit, in eam ipsam causam a qua erat reiectus iniuria. (28) Quid? cum
ista res nihil commovisset eius animum ad quem veneratis, languidiore, credo, studio in causa fuistis; tantum
modo in praesidiis eratis, animi vero a causa abhorre-
bant: an, ut fit in civilibus bellis – nec in vobis magis
quam in reliquis; omnes enim vincendi studio teneba-
mur. Pacis equidem semper auctor fui, sed tum sero; erat
enim amentis, cum aciem videres, pacem cogitare. Omnes, inquam, vincere volebamus; tu certe praecipue, qui

ja tue –, dennoch nicht erwähnen würde, wüsste ich
nicht, dass du diese Tugend besonders zu loben pflegst.
Wo fand sich jemals bei einem Menschen eine solche
Standhaftigkeit? Standhaftigkeit sage ich, ich würde
wohl besser Duldsamkeit sagen. Wie viele hätten so gehandelt, wären zu eben der Partei zurückgekehrt, die
sie während eines Bürgerkrieges nicht aufgenommen, ja
voller Grausamkeit von sich gestoßen hatte! Das zeugt
von hoher Gesinnung und zeigt einen Mann, den keine
Schmach, keine Gewalt und keine Gefahr von der einmal
erwählten Sache und der gefassten Meinung abzubrin-
gen vermag. (27) Denn wäre auch Tubero dem Varus in
allem anderen ebenbürtig gewesen, in Ehre, Adel, Ansehen, Talent – was aber keineswegs der Fall war –, das jedenfalls hatte Tubero ihm mit Sicherheit voraus: Er kam
mit einem rechtmäßigen Kommando aufgrund eines Se-
natsbeschlusses in seine Provinz. Von hier zurückgewiesen, ging er nicht zu Caesar, um nicht verbittert, nicht
nach Hause, um nicht feige zu erscheinen, nicht anders-
wohin, damit es nicht so aussähe, als verurteile er eine
Sache, der er sich einmal angeschlossen hatte. Nach Ma-
kedonien ins Lager des Pompeius ging er, zu der Partei,
von der er widerrechtlich zurückgewiesen worden war.
(28) Wie? Als diese Geschichte auf den, zu dem ihr gekommen wart, keinerlei Eindruck machte, da kühlte sich
wohl euer Eifer für die Sache etwas ab! Da wart ihr wohl
nur so auf Posten, während ihr in eurem Innern von der
Sache weit entfernt wart! Oder war es nicht vielmehr so,
wie es im Bürgerkrieg gewöhnlich ist, bei euch so gut
wie bei anderen: Alle waren wir entflammt vom Willen
zu siegen. Ich war wahrhaftig immer der Anwalt des
Friedens, aber damals war es zu spät. Da konnte nur ein
Wahnsinniger angesichts der bewaffneten Heere an Frieden denken. Wir alle, sage ich, haben den Sieg gewollt,

in eum locum venisses ubi tibi esset pereundum, nisi vicisses. Quamquam, ut nunc se res habet, non dubito quin hanc salutem anteponas illi victoriae. 10 (29) Haec ego non dicerem, Tubero, si aut vos constantiae vestrae aut Caesarem benefici sui paeniteret. Nunc quaero utrum vestras iniurias an rei publicae persequamini. Si rei publicae, quid de vestra in illa causa perseverantia respondebitis? si vestras, videte ne erretis qui Caesarem vestris inimicis iratum fore putetis, cum ignoverit suis.

Itaque num tibi videor in causa Ligari esse occupatus, num de eius facto dicere? Quicquid dixi, ad unam summam referri volo vel humanitatis vel clementiae vel misericordiae. (30) Causas, Caesar, egi multas equidem tecum, dum te in foro tenuit ratio honorum tuorum, certe numquam hoc modo: 'Ignoscite, iudices; erravit, lapsus est, non putavit; si umquam posthac.' Ad parentem sic agi solet, ad iudices: 'Non fecit, non cogitavit; falsi testes, fictum crimen.' Dic te, Caesar, de facto Ligari iudicem esse; quibus in praesidiis fuerit quaere: taceo, ne haec quidem conligo, quae fortasse valerent etiam apud iudicem: 'Legatus ante bellum profectus, relictus in pace, bello oppressus, in eo ipso non acerbus, totus animo et studio tuus.' Ad iudicem sic, sed ego apud parentem lo-

du aber ganz besonders, du warst ja an einen Platz gekommen, wo es nur Sieg oder Untergang für dich gab.
Obwohl dir, so wie die Dinge jetzt stehen, ohne Zweifel
deine jetzige Rettung lieber ist als der damals erhoffte
Sieg.   10 (29) Das würde ich alles nicht sagen, Tubero,
wenn euch eure Beharrlichkeit oder Caesar seine Wohltat reute. Jetzt frage ich, ob ihr das Unrecht, das an euch
oder das am Staat begangen wurde, ahnden wollt. Wenn
das des Staates, wie wollt ihr dann euer zähes Ausharren
bei jener Partei verantworten? Wenn es euch um euer er-
littenes Unrecht geht, so seht zu, ob ihr nicht im Irrtum
seid, wenn ihr glaubt, Caesar werde euren Feinden zür-
nen, während er seinen eigenen verziehen hat.

Sieht es dir so aus, Caesar, als ob es mir hier um die
Verteidigung des Ligarius geht? Dass ich von seinem Fall
spreche? Alles, was ich sage, möchte ich ganz allein auf
einen Punkt bezogen wissen: auf deine Menschlichkeit,
deine Milde und dein Mitleid. (30) Viele Prozesse habe
ich geführt, Caesar, auch mit dir gemeinsam, als dich
deine Ämter auf dem Forum hielten, aber bestimmt niemals auf diese Art: ›Verzeiht, ihr Richter, er hat einen
Irrtum begangen, ist zu Fall gekommen, das wollte er
nicht, wenn er später jemals . . .‹ So spricht man zu einem Vater, zu Richtern so: ›Er hat es nicht getan, nicht
geplant, falsch sind die Zeugen, erdichtet die Anklage.‹
Sag, Caesar, dass du Richter sein willst über das Verhalten des Ligarius. Forsche nach, welche militärischen
Kommandos er hatte – ich schweige, und ich zähle nicht
einmal das auf, was vielleicht auch auf einen Richter Eindruck machen würde: ›Er ist als Legat vor dem Krieg abgereist, im Frieden blieb er zurück, vom Kriegsausbruch
wurde er überrascht, im Krieg selber zeigte er keine
Härte, seinem Herzen und seiner Neigung nach ist er
ganz der Deine.‹ So pflegt man vor einem Richter zu

quor: 'Erravi, temere feci, paenitet; ad clementiam tuam
confugio, delicti veniam peto, ut ignoscatur oro.' Si
nemo impetravit, adroganter: si plurimi, tu idem fer
opem qui spem dedisti. (31) An sperandi de Ligario
causa non erit, cum mihi apud te locus sit etiam pro al-
tero deprecandi? Quamquam nec in hac oratione spes
est posita causae nec in eorum studiis qui a te pro Ligario petunt, tui necessarii. 11 Vidi enim et cognovi quid
maxime spectares, cum pro alicuius salute multi labora-
rent: causas apud te rogantium gratiosiores esse quam
voltus, neque te spectare quam tuus esset necessarius is
qui te oraret, sed quam illius pro quo laboraret. Itaque
tribuis tu quidem tuis ita multa ut mihi beatiores illi videantur interdum qui tua liberalitate fruantur quam tu
ipse qui illis tam multa concedas; sed video tamen apud
te, ut dixi, causas valere plus quam preces, ab eisque te
moveri maxime quorum iustissimum videas dolorem in
petendo.

(32) In Q. Ligario conservando multis tu quidem gra-
tum facies necessariis tuis, sed hoc, quaeso, considera,
quod soles. Possum fortissimos viros, Sabinos, tibi pro-
batissimos, totumque agrum Sabinum, florem Italiae ac
robur rei publicae, proponere. Nosti optime homines.
Animadverte horum omnium maestitiam et dolorem;
huius T. Brocchi de quo non dubito quid existimes lacri-

verhandeln, aber ich spreche vor einem Vater: ›Er hat geirrt, hat unüberlegt gehandelt, er bereut es. Zu deiner Milde nehme ich meine Zuflucht, für sein Vergehen erbitte ich Nachsicht, ich flehe um Verzeihung.‹ Wenn sie niemand erlangt hat, dann ist das eine Anmaßung, wenn sie aber schon sehr vielen zuteil wurde, so hilf auch hier, da du die Hoffnung darauf geweckt hast. (31) Oder sollte Ligarius keinen Grund zur Hoffnung haben, während mir Gelegenheit gegeben wird, bei dir auch für andere zu bitten? Freilich beruht meine Hoffnung für seine Sache weder auf dieser Rede noch auf den eifrigen Bemühungen derer, die dich für Ligarius bitten, deiner Anhänger. 11 Ich habe nämlich gesehen und erkannt, worauf du am meisten achtest, wenn sich viele um die Rettung von jemand bemühen. Bei dir gilt die Sache der Bittenden mehr als ihre Miene, du schaust nicht darauf, wie nahe dir der Bittsteller steht, als vielmehr, wie nahe er dem steht, für den er sich einsetzt. Du gewährst daher deinen Anhängern so viel, daß ich manchmal die für glücklicher halte, die deine Großmut genießen, als dich selber, der du ihnen so vieles zugestehst. Aber ich sehe dennoch, dass bei dir, wie schon gesagt, die Sache mehr gilt als die Bitten. Und du lässt dich von den Bitten derer am meisten rühren, deren Schmerz dir am meisten berechtigt erscheint.

(32) Mit der Rehabilitierung des Quintus Ligarius wirst du vielen deiner Anhänger eine Freude machen, aber erwäge nach deiner Gewohnheit auch Folgendes: Ich kann dir äußerst tapfere Männer, wohl erprobt von dir, vor Augen stellen, Sabiner, ja das gesamte Sabinerland, die Blüte Italiens und das Mark des Staates. Du kennst diese Leute ja sehr gut.[17] Sieh die Betrübnis und den Schmerz aller, und diesen Titus Brocchus hier, den du schätzt, wie ich weiß, den siehst du mit seinem Sohn

mas squaloremque ipsius et fili vides. (33) Quid de fratribus dicam? Noli, Caesar, putare de unius capite nos agere: aut tres Ligarii retinendi in civitate sunt aut tres ex civitate exterminandi. Quodvis exsilium his est optatius quam patria, quam domus, quam di penates, illo uno exsulante. Si fraterne, si pie, si cum dolore faciunt, moveant te horum lacrimae, moveat pietas, moveat germanitas; valeat tua vox illa quae vicit. Te enim dicere audiebamus nos omnis adversarios putare, nisi qui nobiscum essent; te omnis qui contra te non essent tuos. Videsne igitur hunc splendorem omnem, hanc Brocchorum domum, hunc L. Marcium, C. Caesetium, L. Corfidium, hos omnis equites Romanos qui adsunt veste mutata, non solum notos tibi verum etiam probatos viros. Atque his irascebamur, hos requirebamus, his non nulli etiam minabantur. Conserva igitur tuis suos ut, quem ad modum cetera quae dicta sunt a te, sic hoc verissimum reperiatur.   **12** (34) Quod si penitus perspicere posses concordiam Ligariorum, omnis fratres tecum iudicares fuisse. An potest quisquam dubitare quin, si Q. Ligarius in Italia esse potuisset, in eadem sententia futurus fuerit in qua fratres fuerunt? Quis est qui horum consensum conspirantem et paene conflatum in hac prope aequalitate fraterna noverit qui hoc non sentiat, quidvis prius futurum fuisse quam ut hi fratres diversas sententias fortunasque sequerentur? Voluntate igitur omnes tecum fuerunt: tempestate abreptus est unus qui, si consilio id fe-

in Tränen und Trauer. (33) Was soll ich von seinen Brüdern sagen? Glaube nur nicht, Caesar, dass es uns hier nur um die Existenz eines Einzelnen geht: Entweder muss man drei Ligarier im Staat behalten oder drei aus dem Staat ausstoßen. Jede Art von Exil ist ihnen lieber als das Vaterland, das Haus, die Hausgötter, wenn dieser eine verbannt bleibt. Wenn sie brüderlich, aus ihrem Familiengefühl heraus, im Schmerz handeln, so lass dich rühren von ihren Tränen, ihrer liebevollen, brüderlichen Gesinnung! Gelten soll dein Wort, das dir zum Sieg verholfen hat. Wir[18] hörten dich nämlich sagen, wir hielten alle für Gegner, die nicht mit uns seien, du aber hieltest alle die, die nicht gegen dich seien, für deine Anhänger. Siehst du nun alle diese angesehenen Männer, die Familie des Brocchus, den Lucius Marcius hier, den Gaius Caesetius, Lucius Corfidius, alle diese römischen Ritter, die in Trauerkleidern hier anwesend sind?[19] Sie sind dir nicht nur bekannt, sie sind sogar von dir erprobt. Und diesen zürnten wir, die suchten wir, denen drohten einige sogar. Erhalte also den Deinen die, die zu ihnen gehören, damit sich auch dieses Wort, ebenso wie das Übrige, was du gesagt hast, bewahrheitet. 12 (34) Könntest du aber der einträchtigen Gesinnung der Ligarier bis auf den Grund sehen, würdest du zu der Meinung kommen, alle Brüder hätten auf deiner Seite gestanden. Es kann doch keinen Zweifel geben: Hätte Quintus Ligarius in Italien sein können, hätte er die Haltung seiner Brüder geteilt. Wer also, der die Gesinnung völligen Einklangs und völliger Verschmelzung bei den fast gleichaltrigen Brüdern kennt, sollte nicht fühlen, dass alles andere eher hätte geschehen können, als dass diese Brüder getrennten Ansichten und Parteien gefolgt wären! Im Geist waren sie also alle immer auf deiner Seite, nur durch die Zeitläufte ist einer verschlagen worden. Selbst wenn

cisset, esset eorum similis quos tu tamen salvos esse voluisti. (35) Sed ierit ad bellum, dissenserit non a te solum verum etiam a fratribus: hi te orant tui. Equidem, cum tuis omnibus negotiis interessem, memoria teneo qualis T. Ligarius quaestor urbanus fuerit erga te et dignitatem tuam. Sed parum est me hoc meminisse: spero etiam te qui oblivisci nihil soles nisi iniurias – cum hoc est animi, tum etiam ingeni tui – te aliquid de huius illo quaestorio officio, etiam de aliis quibusdam quaestoribus reminiscentem recordari. (36) Hic igitur T. Ligarius, qui tum nihil egit aliud – neque enim haec divinabat – nisi ut tui se studiosum et bonum virum iudicares, nunc a te supplex fratris salutem petit. Quam huius admonitus officio cum utrisque his dederis, tris fratres optimos et integerrimos non solum sibi ipsos neque his tot talibus viris neque nobis necessariis tuis sed etiam rei publicae condonaveris. (37) Fac igitur, quod de homine nobilissimo et clarissimo fecisti nuper in curia, nunc idem in foro de optimis et huic omni frequentiae probatissimis fratribus. Ut concessisti illum senatui, sic da hunc populo, cuius voluntatem carissimam semper habuisti, et, si ille dies tibi gloriosissimus, populo Romano gratissimus fuit, noli, obsecro, dubitare, C. Caesar, similem illi gloriae laudem quam saepissime quaerere. Nihil est tam populare quam

er mit Absicht gehandelt hätte, würde er doch nur denen gleichen, die du trotzdem gerettet wissen willst. (35) Aber mag er in den Krieg gegangen sein, mag er sich immerhin nicht nur von dir allein, sondern auch von seinen Brüdern getrennt haben, sie, die Deinigen, bitten dich. Ich habe ja seinerzeit an allen deinen Geschäften teilgenommen und habe noch sehr gut im Gedächtnis, wie Titus Ligarius sich als Stadtquästor für dich und dein Ansehen eingesetzt hat.[20] Aber das ist zu wenig, wenn ich mich erinnere, ich hoffe, dass auch du – du vergisst ja gewöhnlich nichts außer Beleidigungen, das liegt in deinem Wesen und deiner Gesinnung –, wenn du ein bisschen an seine Dienste als Quästor und dabei auch an gewisse andere Quästoren denkst,[21] dich genau erinnern wirst. (36) Dieser Titus Ligarius also, der damals auf nichts anderes aus war, als dass du ihn für einen dir ergebenen und tüchtigen Mann halten solltest – er konnte ja sonst nichts ahnen –, dieser bittet dich jetzt kniefällig um die Rettung seines Bruders. Wenn du in Gedanken an den Pflichteifer dieses Mannes diesen beiden nachgibst, dann wirst du drei überaus tüchtige und untadelige Brüder nicht nur sich selbst und nicht nur diesen Männern hier und uns, deinen Freunden, sondern auch dem Staat wiedergeschenkt haben. (37) Handle also, wie du neulich in der Kurie an einem vornehmen und berühmten Mann[22] gehandelt hast, so nun auch auf dem Forum an diesen tüchtigen und von der ganzen Versammlung so geschätzten Brüdern. Wie du jenen dem Senat bewilligt hast, so gib diesen nun dem Volk, dessen Willen du immer in höchsten Ehren gehalten hast. Und wenn jener Tag für dich ein Tag höchsten Ruhmes, für das römische Volk aber ein Tag höchsten Dankes gewesen war, so zögere nicht, ich bitte dich, Caesar, sooft wie möglich nach ähnlichem Ruhm zu streben. Nichts ist ja

bonitas, nulla de virtutibus tuis plurimis nec admirabi-
lior nec gratior misericordia est. (38) Homines enim ad
deos nulla re propius accedunt quam salutem hominibus
dando. Nihil habet nec fortuna tua maius quam ut pos-
sis, nec natura melius quam ut velis servare quam pluri-
mos. Longiorem orationem causa forsitan postulet, tua
certe natura breviorem. Qua re cum utilius esse arbitrer
te ipsum quam aut me aut quemquam loqui tecum, finem iam faciam: tantum te admonebo, si illi absenti salutem dederis, praesentibus te his daturum.

dem Volk so lieb wie Güte, keine deiner zahlreichen Tugenden erregt größere Bewunderung und Zuneigung als dein Mitleid. (38) Durch nichts kommen ja die Menschen den Göttern näher, als wenn sie ihren Mitmenschen Rettung schenken. Nichts Größeres kann dir dein Glück gewähren als die Macht, nichts Besseres deine Natur als den Willen, möglichst viele zu retten. Die Sache forderte vielleicht eine längere Rede, dein Wesen aber sicher eine kürzere. Da ich es also für nutzbringender halte, wenn du mit dir selber sprichst, als wenn ich oder ein anderer das tue, will ich jetzt schließen. Nur das möchte ich dir noch ans Herz legen: Wenn du diesem, der nicht hier ist, Rettung gewährst, schenkst du sie zugleich all denen, die hier sind.

M. Tulli Ciceronis
Pro Rege Deiotaro Oratio

M. Tullius Cicero
Rede für den König Deiotarus

1 (1) Cum in omnibus causis gravioribus, C. Caesar, initio dicendi commoveri soleam vehementius quam videtur vel usus vel aetas mea postulare, tum in hac causa ita multa me perturbant ut, quantum mea fides studi mihi adferat ad salutem regis Deiotari defendendam, tantum facultatis timor detrahat. Primum dico pro capite fortunisque regis, quod ipsum, etsi non iniquum est in tuo dumtaxat periculo, tamen est ita inusitatum, regem reum capitis esse, ut ante hoc tempus non sit auditum. (2) Deinde eum regem quem ornare antea cuncto cum senatu solebam pro perpetuis eius in nostram rem publicam meritis, nunc contra atrocissimum crimen cogor defendere. Accedit ut accusatorum alterius crudelitate, alterius indignitate conturber. Crudelis Castor, ne dicam sceleratum et impium, qui nepos avum in capitis discrimen adduxerit adulescentiaeque suae terrorem intulerit ei cuius senectutem tueri et tegere debebat, commendationemque ineuntis aetatis ab impietate et ab scelere duxerit; avi servum corruptum praemiis ad accusandum dominum impulerit, a legatorum pedibus abduxerit. (3) Fugitivi autem dominum accusantis et dominum absentem et dominum amicissimum nostrae rei

1 (1) Bei allen Gerichtsprozessen von einiger Bedeutung, Gaius Caesar, bin ich zu Anfang meines Plädoyers im Allgemeinen aufgeregter, als es meine lange Amtstätigkeit und mein Alter erwarten lassen. Und gerade bei diesem Prozess gibt es vieles, das mich in Verwirrung bringt. So großen Eifer für die Verteidigung des Königs Deiotarus mir daher auch meine Freundespflicht verleiht, die Furcht zieht doch ein gut Teil meiner Fähigkeit wieder ab. Denn erstens spreche ich hier für Leib und Leben eines Königs, was ja keineswegs unbillig ist, da du unter einer solchen Anklage stehst, Deiotarus, aber dass ein König auf Leben und Tod verklagt wird, das ist so ungewöhnlich, dass man bis heute dergleichen noch nie gehört hat. (2) Zweitens muss ich eben den König, den ich früher wegen seiner fortwährenden Verdienste um unseren Staat mit dem gesamten Senat ruhmvoll auszuzeichnen pflegte, nun gegen eine äußerst schreckliche Anklage verteidigen. Außerdem bin ich noch fassungslos über die Grausamkeit des einen und die Niedertracht des anderen Anklägers. Grausam ist Castor, um nicht zu sagen verbrecherisch und gottlos, der als Enkel seinen Großvater eines todeswürdigen Verbrechens angeklagt und den Mann in Schrecken vor seiner Jugend versetzt hat, den er in seinem Greisenalter schützen und schirmen sollte. Er hat sich selber für den Eintritt ins öffentliche Leben durch gottloses, verbrecherisches Verhalten empfohlen, den Sklaven des Großvaters durch Bestechung dazu gebracht, seinen eigenen Herrn anzuklagen, und ihn den Abgesandten vor der Nase weg entführt. (3) Dieser Entlaufene, der seinen Herrn angeklagt hatte, noch dazu in Abwesenheit, den besten

publicae cum os videbam, cum verba audiebam, non tam
adflictam regiam condicionem dolebam quam de fortu-
nis communibus extimescebam. Nam cum more maiorum de servo in dominum ne tormentis quidem quaeri
liceat, in qua quaestione dolor elicere veram vocem possit etiam ab invito, exortus est servus qui, quem in ecu-
leo appellare non posset, eum accuset solutus. **2** (4) Per-
turbat me, C. Caesar, etiam illud interdum quod tamen,
cum te penitus recognovi, timere desino: re enim iniquum est, sed tua sapientia fit aequissimum. Nam dicere
apud eum de facinore contra cuius vitam consilium faci-
noris inisse arguare, cum per se ipsum consideres, grave
est; nemo enim fere est qui sui periculi iudex non sibi se
aequiorem quam reo praebeat. Sed tua, Caesar, praestans
singularisque natura hunc mihi metum minuit. Non
enim tam timeo quid tu de rege Deiotaro, quam intellego quid de te ceteros velis iudicare. (5) Moveor etiam
loci ipsius insolentia, quod tantam causam quanta nulla
umquam in disceptatione versata est dico intra domesti-
cos parietes, dico extra conventum et eam frequentiam
in qua oratorum studia niti solent: in tuis oculis, in tuo
ore voltuque acquiesco, te unum intueor, ad te unum
omnis spectat oratio: quae mihi ad spem obtinendae veri-

Freund unseres Staates, als ich ihm ins Gesicht sah, als ich seine Worte hörte, da empfand ich nicht so sehr Schmerz über die bedrohte Lage des Königs als vielmehr Furcht um den Bestand unserer staatlichen Ordnung. Denn während das Gesetz unserer Vorfahren die Aussage eines Sklaven gegen seinen Herrn nicht einmal auf der Folter erlaubt, eine Untersuchungsmethode, bei der der Schmerz einem auch wider Willen die Wahrheit herauslockt, tritt hier ein Sklave auf, der aus freien Stücken den anklagt, den er nicht einmal auf der Folter beschuldigen dürfte. 2 (4) Dann bringt mich zuweilen noch ein Umstand aus dem Gleichgewicht, Caesar, den ich aber nicht mehr fürchte, wenn ich mir deinen Charakter genau vergegenwärtige. Der Sache nach ist der Fall zwar etwas schief, aber deine Klugheit rückt ihn wieder gerade. Denn es ist an und für sich eine bedenkliche Sache, vor demselben Mann von einem Verbrechen zu reden, gegen dessen Leben der verbrecherische Plan gerichtet sein soll. Es gibt ja wohl keinen, der als Richter über eine Gefahr, die ihn selber betrifft, nicht mehr Rücksicht auf sich selbst als auf den Angeklagten nähme. Aber dein hervorragendes, einzigartiges Wesen mindert mir diese Besorgnis, denn ich fürchte nicht so sehr, welches Urteil du über den König Deiotarus fällen wirst, da ich weiß, wie du von anderen beurteilt werden möchtest. – (5) Auch stört mich noch der ungewohnte Ort hier: Ich soll eine so wichtige Rechtssache, wie sie noch nie Gegenstand richterlicher Entscheidung war, innerhalb der Wände eines Hauses behandeln, soll sprechen ohne die zahlreich versammelte Zuhörermenge, auf die sich der Redner in seinem Vortrag zu stützen pflegt. Deine Augen, dein Antlitz, deine Miene sind es, worauf ich verweile, auf dich als einzigen blicke ich, an dich allein ist meine ganze Rede gerichtet. Das alles ist sehr wichtig für

tatis gravissima sunt, ad motum animi et ad omnem im-
petum dicendi contentionemque leviora. (6) Hanc enim,
C. Caesar, causam si in foro dicerem eodem audiente et
disceptante te, quantam mihi alacritatem populi Romani
concursus adferret! Quis enim civis ei regi non faveret
cuius omnem aetatem in populi Romani bellis consump-
tam esse meminisset? Spectarem curiam, intuerer forum,
caelum denique testarer ipsum. Sic, cum et deorum im-
mortalium et populi Romani et senatus beneficia in regem Deiotarum recordarer, nullo modo mihi deesse
posset oratio. (7) Quae quoniam angustiora parietes faciunt actioque maximae causae debilitatur loco, tuum
est, Caesar, qui pro multis saepe dixisti, quid mihi nunc
animi sit ad te ipsum referre, quo facilius cum aequitas
tua tum audiendi diligentia minuat hanc perturbationem
meam.

Sed ante quam de accusatione ipsa dico, de accusatorum spe pauca dicam; qui cum videantur neque ingenio
neque usu atque exercitatione rerum valere, tamen ad
hanc causam non sine aliqua spe et cogitatione venerunt. **3** (8) Iratum te regi Deiotaro fuisse non erant nes-
cii; adfectum illum quibusdam incommodis et detrimen-
tis propter offensionem animi tui meminerant, teque
cum huic iratum, tum sibi amicum esse cognoverant,
quodque apud ipsum te de tuo periculo dicerent, fore

meine Hoffnung, der Wahrheit zum Siege zu verhelfen,
hat aber nur wenig Wirkung auf die Bewegung des Ge-
müts und auf Kraft und Feuer des Vortrags. (6) Denn
würde ich dieses Plädoyer auf dem Forum halten, auch
vor dir, Caesar, als Zuhörer und Richter, wie beschwingt
würde mein Vortrag werden durch das Zusammenströ-
men der Römer! Denn welcher Bürger wäre nicht für
den König eingenommen, der, wie man weiß, sein gan-
zes Leben im Krieg an der Seite der Römer verbracht
hat! Ich hätte die Kurie vor Augen, blickte auf das Forum, den Himmel schließlich würde ich zum Zeugen an-
rufen. Wenn ich so die Gunsterweise der unsterblichen
Götter, des römischen Volkes und des Senats gegen den
König Deiotarus ins Gedächtnis zurückriefe, könnte
mir unmöglich der Redestoff ausgehen. (7) Weil nun
aber die Wände alles auf engeren Raum beschränken
und der Vortrag eines solch bedeutenden Falles durch
den Ort in seiner Wirkung abgeschwächt wird, ist es
deine Sache, Caesar, der du ja selber schon oft für viele
als Verteidiger gesprochen hast, nachzufühlen, wie mir
zumute ist, damit dein Sinn für Recht und Billigkeit wie
auch dein aufmerksames Zuhören meine Verwirrung
mindern.

Aber bevor ich auf die Anklage selbst zu sprechen
komme, will ich einiges über die Erwartungen der Ankläger sagen. Diese zeichnen sich zwar anscheinend weder durch Scharfsinn noch durch Erfahrung und Übung
aus, sie sind aber trotzdem nicht ohne Hoffnung und
Erwartung hierhergekommen. **3** (8) Dass du dem König Deiotarus zürnst, war ihnen nicht unbekannt, sie er-
innerten sich wohl, dass er durch deine Ungnade einigen
Schaden und Nachteil gehabt habe. Auch merkten sie,
dass du unwillig gegen ihn, aber freundlich gegen sie gesinnt bist, und wenn sie nun vor dir selbst von einem

putabant ut in exulcerato animo facile fictum crimen in-
sideret. Quam ob rem hoc nos primum metu, Caesar,
per fidem et constantiam et clementiam tuam libera, ne
residere in te ullam partem iracundiae suspicemur. Per
dexteram istam te oro quam regi Deiotaro hospes ho-
spiti porrexisti, istam, inquam, dexteram non tam in bellis neque in proeliis quam in promissis et fide firmiorem.
Tu illius domum inire, tu vetus hospitium renovare voluisti; te eius di penates acceperunt, te amicum et placa-
tum Deiotari regis arae focique viderunt. (9) Cum facile
orari, Caesar, tum semel exorari soles. Nemo umquam te
placavit inimicus qui ullas resedisse in te simultatis reli-
quias senserit. Quamquam cui sunt inauditae cum Deiotaro querelae tuae? Numquam tu illum accusavisti ut
hostem, sed ut amicum officio parum functum, quod
propensior in Cn. Pompei amicitiam fuisset quam in
tuam: cui tamen ipsi rei veniam te daturum fuisse dice-
bas, si tum auxilia Pompeio vel si etiam filium misisset,
ipse aetatis excusatione usus esset. (10) Ita cum maximis
eum rebus liberares, perparvam culpam relinquebas. Itaque non solum in eum non animadvertisti sed omni
metu liberavisti, hospitem agnovisti, regem reliquisti.
Neque enim ille odio tui progressus, sed errore com-

Anschlag gegen dich sprächen, da würde, glaubten sie, leicht in deinem gereizten Sinn eine erdichtete Anschuldigung haften bleiben. Deshalb befreie uns zuerst von dieser Furcht, Caesar, durch deine Zuverlässigkeit, Festigkeit und Milde, dass wir nicht befürchten müssen, es sei in dir noch ein Stachel des Grolls zurückgeblieben. Bei dieser deiner Rechten bitte ich dich, die du dem König Deiotarus als Gastfreund dem Gastfreund gereicht hast, bei dieser Hand, sage ich, die in Kriegen und Schlachten nicht stärker ist als bei Versprechen und ihrer Erfüllung! Es war dein Wunsch, sein Haus zu betreten, die alte Gastfreundschaft zu erneuern, dich haben die Götter seines Hauses aufgenommen, dich haben Herd und Altar des Königs Deiotarus als versöhnten Freund gesehen. (9) Leicht lässt du dich um etwas bitten, Caesar, doch durch Bitten zu besänftigen braucht man dich nur ein für allemal. Nie hat ein Feind sich mit dir ausgesöhnt, der noch irgendeine Spur von Feindseligkeit bei dir wahrgenommen hätte. Doch wer hätte von deinen Klagen über Deiotarus nichts gehört? Aber niemals hast du ihn angeklagt als einen Feind, sondern nur als einen Freund, der seine Pflicht nicht genügend erfüllt hat, weil er mehr zu der Freundschaft des Pompeius hinneigte als zu deiner. Dennoch hättest du ihm Verzeihung zugesichert, sagtest du, wenn er dem Pompeius damals nur Truppen oder wenn er sogar seinen Sohn zu Hilfe geschickt, sich selbst aber mit seinem Alter entschuldigt hätte. (10) Während du ihn so von den schwersten Vorwürfen freisprachst, hast du nur einen sehr geringen Rest von Freundesschuld an ihm gelassen. Du hast daher nicht nur keine strafenden Maßnahmen gegen ihn eingeleitet, sondern du hast ihn von aller Furcht befreit, hast ihn als Gastfreund anerkannt und ihm die Königswürde belassen. Er hat ja nicht aus Hass gegen dich diesen

muni lapsus est. Is rex quem senatus hoc nomine saepe
honorificentissimis decretis appellavisset, quique illum
ordinem ab adulescentia gravissimum sanctissimumque
duxisset, isdem rebus est perturbatus homo longinquus
et alienigena quibus nos in media re publica nati semperque versati. 4 (11) Cum audiret senatus consentientis
auctoritate arma sumpta, consulibus, praetoribus, tribu-
nis plebis, nobis imperatoribus rem publicam defendendam datam, movebatur animo et vir huic imperio ami-
cissimus de salute populi Romani extimescebat, in qua
etiam suam esse inclusam videbat. In summo tamen timore quiescendum esse arbitrabatur. Maxime vero perturbatus est, ut audivit consules ex Italia profugisse,
omnis consularis – sic enim ei nuntiabatur – cunctum
senatum, totam Italiam effusam. Talibus enim nuntiis et
rumoribus patebat ad orientem via nec ulli veri subse-
quebantur. Nihil ille de condicionibus tuis, nihil de studio concordiae et pacis, nihil de conspiratione audiebat
certorum hominum contra dignitatem tuam. Quae cum
ita essent, tamen usque eo se tenuit quoad a Cn. Pompeio legati ad eum litteraeque venerunt. (12) Ignosce,
ignosce, Caesar, si eius viri auctoritati rex Deiotarus cessit quem nos omnes secuti sumus; ad quem cum di atque
homines omnia ornamenta congessissent, tum tu ipse
plurima et maxima. Nec enim, si tuae res gestae ceteror-
rum laudibus obscuritatem attulerunt, idcirco Cn. Pompei memoriam amisimus. Quantum nomen illius fuerit,

Schritt getan, sondern gemeinsamer Irrtum brachte ihn
zu Fall. Dieser König, den der Senat so oft in den ehren-
vollsten Dekreten mit diesem Titel genannt hat, der von
Jugend auf diesen Stand als das Bedeutendste und Ehr-
würdigste überhaupt ansah, er, der weit entfernt woh-
nende Ausländer, ist durch dieselben Dinge in Verwirrung gebracht worden wie wir, die wir mitten im Staat
geboren sind und immer dort gelebt haben. 4 (11) Als
er hörte, dass man nach dem einstimmigen Beschluss des
Senats die Waffen ergriffen habe, dass den Konsuln, Prä-
toren, Volkstribunen, uns, den Imperatoren[1], der Auf-
trag zur Verteidigung des Staates anvertraut sei, da geriet
er in Unruhe, und er, der beste Freund unseres Staates,
begann für die Sicherheit der Römer zu fürchten, mit der
er ja die eigene verknüpft sah. So groß auch seine Be-
fürchtungen waren, glaubte er doch, sich ruhig verhalten
zu müssen. In die größte Bestürzung aber versetzte ihn
die Nachricht, die Konsuln, alle Konsularen – denn so
wurde ihm gemeldet – seien aus Italien geflohen, der gesamte Senat, ganz Italien sei auf der Flucht. Denn für
solche Nachrichten und Gerüchte war der Weg in den
Osten offen, Berichtigungen aber folgten nicht hinter-
her. Nichts hörte er von deinen Vorschlägen, nichts von
dem eifrigen Bemühen um Eintracht und Frieden, nichts
von einer Verschwörung gewisser Leute[2] gegen deine
Stellung. Trotz dieser Lage verhielt er sich noch so lange ruhig, bis Gesandte und Briefe von Pompeius bei
ihm eintrafen. (12) Verzeihe, verzeih es, Caesar, wenn
der König Deiotarus sich dem Einfluss des Mannes
beugte, dem wir alle gefolgt sind. Auf ihn hatten ja Götter und Menschen alle Ehren gehäuft und du selber die
meisten und größten. Denn wenn auch deine Taten den
Ruhm der Übrigen verdunkelt haben, so haben wir doch
die Erinnerung an Pompeius nicht verloren. Wie groß

quantae opes, quanta in omni genere bellorum gloria,
quanti honores populi Romani, quanti senatus, quanti
tui, quis ignorat? Tanto ille superiores vicerat gloria
quanto tu omnibus praestitisti. Itaque Cn. Pompei bella,
victorias, triumphos, consulatus admirantes numeraba-
mus: tuos enumerare non possumus. 5 (13) Ad eum igitur rex Deiotarus venit hoc misero fatalique bello quem
antea iustis hostilibusque bellis adiuverat, quocum erat
non hospitio solum verum etiam familiaritate coniunc-
tus, et venit vel rogatus ut amicus, vel arcessitus ut so-
cius, vel evocatus ut is qui senatui parere didicisset: post-
remo venit ut ad fugientem, non ut ad insequentem, id
est ad periculi, non ad victoriae societatem. Itaque Phar-
salico proelio facto a Pompeio discessit; spem infinitam
persequi noluit; vel officio si quid debuerat, vel errori si
quid nescierat, satis factum esse duxit; domum se contu-
lit, teque Alexandrinum bellum gerente utilitatibus tuis
paruit. (14) Ille exercitum Cn. Domiti, amplissimi viri,
suis tectis et copiis sustentavit; ille Ephesum ad eum
quem tu ex tuis fidelissimum et probatissimum omnibus
delegisti pecuniam misit; ille iterum, ille tertio auctioni-
bus factis pecuniam dedit qua ad bellum uterere; ille cor-
pus suum periculo obiecit, tecumque in acie contra
Pharnacem fuit tuumque hostem esse duxit suum. Quae

sein Name, seine Macht, sein Ruhm in jedem Krieg waren, welche Ehren ihm vom römischen Volk, vom Senat, von dir selber zuteil wurden, wer wüsste das nicht? So sehr war er allen seinen Vorgängern an Ruhm überlegen, wie du sie alle miteinander übertroffen hast. Deshalb haben wir die Kriege, gewonnenen Schlachten, Triumphe und Konsulate des Pompeius voller Bewunderung gezählt: deine können wir gar nicht aufzählen. 5 (13) Zu ihm kam also der König Deiotarus in diesem unglückseligen, verhängnisvollen Krieg, zu ihm, den er früher in rechtmäßigen Kriegen gegen äußere Feinde unterstützt hatte, mit dem er nicht nur durch Bande der Gastfreundschaft, sondern auch durch vertraute Freundschaft verbunden war. Er kam auf Bitten als Freund, herbeigerufen als Bundesgenosse, aufgerufen als einer, der gewohnt war, dem Senat Folge zu leisten. Schließlich kam er zu einem, der auf der Flucht war, nicht auf der Verfolgung des Feindes, das heißt, um an der Gefahr, nicht am Sieg teilzunehmen. Deshalb trennte er sich auch nach der Schlacht bei Pharsalos von Pompeius. Unbestimmten Aussichten wollte er nicht nachgehen. Er glaubte, der Pflicht, wenn eine solche für ihn bestanden hatte, oder dem Irrtum, wenn er nicht das Richtige gesehen hatte, sei Genüge geschehen. Er begab sich nach Hause, und als du den Alexandrinischen Krieg führtest,[3] unterstützte er deine Interessen. (14) Er hat dem Heer des hochangesehenen Gnaeus Domitius[4] Quartier und Verpflegung geboten, er hat nach Ephesus Geld geschickt an den Mann, den du als den Treuesten und Bewährtesten von allen deinen Anhängern auserwählt hattest, er sandte abermals, ein drittes Mal Geld, das er sich durch Versteigerungen verschafft hatte, damit du es zum Krieg verwenden könntest. Sein eigenes Leben setzte er aufs Spiel, in der Schlacht gegen Pharnakes stand er dir zur

quidem a te in eam partem accepta sunt, Caesar, ut eum
amplissimo regis honore et nomine adfeceris.

(15) Is igitur non modo a te periculo liberatus sed
etiam honore amplissimo ornatus, arguitur domi te suae
interficere voluisse: quod tu, nisi eum furiosissimum iu-
dicas, suspicari profecto non potes. Ut enim omittam
cuius tanti sceleris fuerit in conspectu deorum penatium
necare hospitem, cuius tantae importunitatis omnium
gentium atque omnis memoriae clarissimum lumen ex-
stinguere, cuius ferocitatis victorem orbis terrae non ex-
timescere, cuius tam inhumani et ingrati animi, a quo
rex appellatus esset, in eo tyrannum inveniri – ut haec
omittam, cuius tanti furoris fuit omnis reges, quorum
multi erant finitimi, omnis liberos populos, omnis so-
cios, omnis provincias, omnia denique omnium arma
contra se unum excitare? Quonam ille modo cum regno,
cum domo, cum coniuge, cum carissimo filio distractus
esset, tanto scelere non modo perfecto sed etiam cogi-
tato?   6 (16) At, credo, haec homo inconsultus et teme-
rarius non videbat. Quis consideratior illo, quis tectior,
quis prudentior? quamquam hoc loco Deiotarum non
tam ingenio et prudentia quam fide et religione vitae
defendendum puto. Nota tibi est hominis probitas,
C. Caesar, noti mores, nota constantia. Cui porro qui
modo populi Romani nomen audivit, Deiotari integri-

Seite und betrachtete deinen Feind als den seinen. Du
hast das alles in der Weise aufgenommen, Caesar, dass
du ihm die erhabene Würde und den Titel eines Königs
verliehen hast.

(15) Dieser Mann also, den du nicht nur aus gefahr-
voller Lage befreit, sondern sogar mit den höchsten Ehren ausgezeichnet hast, wird beschuldigt, er habe dich in
seinem Hause ermorden wollen. Diesen Verdacht kannst
du einfach nicht teilen, falls du nicht Deiotarus für völlig
wahnsinnig hältst. Denn abgesehen davon, was es für
eine Schandtat gewesen wäre, im Angesicht der Hausgötter den Gastfreund zu ermorden, welche Scheußlich-
keit, das strahlendste Licht aller Völker und Zeiten auszulöschen, welche Frechheit, den Sieger des Erdkreises
nicht zu fürchten, was für eine unmenschliche, undank-
bare Gesinnung, gegen den Mann, von dem er den Kö-
nigtitel empfangen hatte, als Tyrannen vorzugehen –
abgesehen von dem allen, es wäre doch glatter Wahnsinn
gewesen, alle Könige in der Nachbarschaft, alle freien
Völker, alle Bundesgenossen, alle Provinzen, ja alle Waffen gegen sich, den einen, herauszufordern! Wie hätte er
sich doch mit seinem Reich, seinem Haus, der Gattin,
dem geliebten Sohn entzweit, wenn er ein solches Verbrechen nicht ausgeführt, nein, nur ausgedacht hätte!
6 (16) Jedoch vielleicht sah der unbesonnene, verwegene
Mann dies nicht. – Wer aber wäre besonnener, bedächti-
ger, klüger als er? Doch ich glaube, ich muss hier in meiner Verteidigung des Deiotarus nicht so sehr seine Klugheit und Überlegtheit herausstellen, als vielmehr seine
Gewissenhaftigkeit und seine Verlässlichkeit während
seines ganzen Lebens. Bekannt ist dir, Caesar, seine
Rechtschaffenheit, bekannt sein Charakter, seine festen
Grundsätze. Und wer, der nur den Namen des römischen Volkes gehört hätte, hätte nicht auch von der Un-

tas, gravitas, virtus, fides non audita est? Quod igitur facinus nec in hominem imprudentem caderet propter metum praesentis exiti, nec in facinerosum, nisi esset idem
amentissimus, id vos et a viro optimo et ab homine minime stulto cogitatum esse confingitis? (17) At quam
non modo non credibiliter, sed ne suspiciose quidem!
'Cum' inquit 'Blucium venisses et domum regis hospitis
tui devertisses, locus erat quidam in quo erant ea com-
posita quibus te rex munerari constituerat. Huc te e balneo, prius quam accumberes, ducere volebat. Erant enim
armati ut te interficerent in eo ipso loco conlocati.' En
crimen, en causa, cur regem fugitivus, dominum servus
accuset. Ego mehercules, Caesar, initio, cum est ad me
ita causa delata, Phidippum medicum, servum regium,
qui cum legatis missus esset, ab isto adulescente esse corruptum, hac sum suspicione percussus: 'Medicum indi-
cem subornavit; finget videlicet aliquod crimen veneni.'
Etsi a veritate longe, tamen a consuetudine criminandi
non multum res abhorrebat. Quid ait medicus? (18) Nihil de veneno. At id fieri potuit primum occultius in po-
tione, in cibo; deinde etiam impunius fit quod, cum est
factum, negari potest. Si palam te interemisset, omnium
in se gentium non solum odia sed etiam arma convertis-
set: si veneno, Iovis illius hospitalis numen numquam
celare potuisset, homines fortasse celasset. Quod igitur

eigennützigkeit, der würdigen Haltung, Tapferkeit und
Treue des Deiotarus gehört? Und ihr wollt vorspiegeln,
ein Verbrechen, das nicht einmal ein völliger Tor aus
Furcht vor den Folgen begeht und auch kein richtiger
Verbrecher, wenn er nicht völlig von Sinnen ist, das hätte
sich dieser ehrenhafte und ganz und gar nicht törichte
Mann ausgedacht? (17) Aber das kann man weder glauben noch sich überhaupt vorstellen! Als du, heißt es,
nach Blucium gekommen und im Hause des Königs,
deines Gastfreundes, eingekehrt warst, da waren in einem Raum die Gegenstände aufgestellt, die dir der König zum Geschenk machen wollte. Dorthin wollte er
dich vom Bade, bevor du zu Tische gingst, führen. Es
waren dort nämlich Bewaffnete aufgestellt, die dich töten sollten. Das ist die Beschuldigung, das ist der Grund,
weshalb der Entlaufene den König, der Sklave seinen
Herrn anklagt. Gleich zu Anfang, Caesar, als mir berichtet wurde, der Arzt Phidippus, ein Sklave des Königs,
der mit den Gesandten hierhergeschickt war, sei von
dem jungen Mann da[5] bestochen worden, kam mir der
Verdacht: Einen Arzt hat er als Angeber angestiftet, also
will er einen geplanten Giftmord erdichten. Von der
Wahrheit weit entfernt, wäre die Sache doch ganz in der
Art, wie man solche Beschuldigungen vorbringt. Was
sagt nun der Arzt? (18) Nichts von Gift. Aber das hätte
doch erstens heimlich geschehen können, in Getränken,
in Speisen, und dann kann man auch eher straflos ausgehen bei etwas, was man nach der Tat abstreiten kann.
Hätte er dich offen umbringen lassen, hätte er nicht nur
den Hass, sondern die Waffen aller Völker auf sich gezogen. Aber mit Gift – wenn er es auch vor Jupiter, dem
Schützer des Gastrechts, niemals hätte verhehlen können, vor den Menschen hätte er es vielleicht verborgen
gehalten. Was er also mehr im Geheimen unternehmen

et conari occultius et efficere cautius potuit, id tibi et
medico callido et servo, ut putabat, fideli non credidit:
de armis, de ferro, de insidiis celare te noluit? At quam
festive crimen contexitur! (19) 'Tua te' inquit 'eadem
quae saepe fortuna servavit: negavisti tum te inspicere
velle.' 7 Quid postea? an Deiotarus, re illo tempore non
perfecta, continuo dimisit exercitum? nullus erat alius
insidiandi locus? At eodem te, cum cenavisses, reditu-
rum dixeras, itaque fecisti. Horam unam aut duas eodem
loco armatos, ut conlocati fuerant, retineri magnum fuit?
Cum in convivio comiter et iucunde fuisses, tum illuc
isti, ut dixeras: quo in loco Deiotarum talem erga te co-
gnovisti qualis rex Attalus in P. Africanum fuit, cui ma-
gnificentissima dona, ut scriptum legimus, usque ad Nu-
mantiam misit ex Asia, quae Africanus inspectante exercitu accepit. Quod cum praesens Deiotarus regio animo
et more fecisset, tu in cubiculum discessisti. (20) Obsecro, Caesar, repete illius temporis memoriam, pone
ante oculos illum diem, voltus hominum te intuentium
atque admirantium recordare. Num quae trepidatio,
num qui tumultus, num quid nisi modeste, nisi quiete,
nisi ex hominis gravissimi et sanctissimi disciplina?
Quid igitur causae excogitari potest cur te lautum volue-
rit, cenatum noluerit occidere? (21) 'In posterum' inquit
'diem distulit ut, cum in castellum ventum esset, ibi co-

und sicherer ausführen konnte, das hat er dir, dem
schlauen Arzt und dem, wie er glaubte, treuen Sklaven,
nicht anvertraut, aber von Waffen, Mordwerkzeugen
und einem Hinterhalt wollte er dir nichts verheimli-
chen? Ein feines Netz von Beschuldigungen! (19) Dich,
Caesar, heißt es, hat dein Glück gerettet, wie so oft, du
hast damals gesagt, du wolltest die Geschenke nicht be-
sichtigen. 7 Was war weiter? Hat Deiotarus, als die Sache damals nicht klappte, gleich darauf seine Mannschaft
entlassen? Gab es keinen anderen Ort zum Auflauern?
– Aber du hattest gesagt, du kämest nach dem Essen
dorthin zurück, und das tatest du auch. Wäre es da eine
große Sache gewesen, die Bewaffneten ein oder zwei
Stunden an dem Ort, wo sie aufgestellt waren, zu halten? Nach dem Essen, bei dem du dich freundlich und
heiter zeigtest, begabst du dich in den Raum, wie du es
gesagt hattest. Dort sahst du, dass Deiotarus so gegen
dich gesinnt war wie der König Attalus[6] gegen Publius
Africanus, dem er, wie wir lesen, die herrlichsten Geschenke aus Asien bis nach Numantia sandte und die
Africanus im Beisein des Heeres entgegennahm. Nachdem dir Deiotarus in Person mit königlicher Gesinnung
und Haltung die Geschenke präsentiert hatte, zogst du
dich in dein Schlafgemach zurück. (20) Ich bitte dich,
Caesar, erinnere dich an diese Zeit, vergegenwärtige dir
diesen Tag, rufe dir die Mienen der Menschen ins Gedächtnis zurück, die dich voll Bewunderung anblickten.
Wo gab es da ein ängstliches Hin- und Herlaufen, Unruhe? War da nicht alles besonnen, ruhig, wie es im
Hause eines so würdigen, untadeligen Mannes zu erwarten war? Was lässt sich also für ein Grund ausdenken,
warum er dich zwar nach dem Bad, aber nicht nach dem
Essen ermorden wollte? (21) Er schob es auf für den
nächsten Tag, sagt man, um seinen Plan, wenn man auf

gitata perficeret.' Non video causam loci mutandi, sed
tamen acta res criminose est. 'Cum' inquit 'vomere post
cenam te velle dixisses, in balneum te ducere coeperunt:
ibi enim erant insidiae. At te eadem tua fortuna servavit:
in cubiculo malle dixisti.' Di te perduint, fugitive! ita
non modo nihili et improbus, sed fatuus et amens es.
Quid? ille signa aenea in balneo posuerat, quae e balneo
in cubiculum transire non possent? Habes crimina insi-
diarum: nihil enim dixit amplius. 'Horum' inquit 'eram
conscius.' Quid tum? ita ille demens erat ut eum quem
conscium tanti sceleris habebat ab se dimitteret, Romam
etiam mitteret ubi et inimicissimum sciret esse nepotem
suum et C. Caesarem cui fecisset insidias, praesertim
cum is unus esset qui posset de absente se indicare?
(22) 'Et fratres meos' inquit 'quod erant conscii, in vincla coniecit.' Cum igitur eos vinciret quos secum habebat, te solutum Romam mittebat qui eadem scires quae
illos scire dicis?

8 Reliqua pars accusationis duplex fuit: una regem in
speculis semper fuisse, cum a te animo esset alieno, altera exercitum eum contra te magnum comparasse. De
exercitu dicam breviter, ut cetera. Numquam eas copias
rex Deiotarus habuit quibus inferre bellum populo Romano posset, sed quibus finis suos ab excursionibus et

das Kastell[7] gekommen sei, ins Werk zu setzen. Ich sehe keinen Grund für einen Ortswechsel, und doch wird dieser Punkt in der Anklage hervorgehoben. Es heißt: Als du gesagt hattest, du wolltest nach der Mahlzeit ein Brechmittel einnehmen,[8] trafen sie Anstalten, dich ins Bad zu führen, dort war der Hinterhalt gelegt. Aber dich rettete wieder dein Glück: Du wolltest, sagtest du, lieber in dein Schlafgemach. – Die Götter sollen dich verderben, entlaufener Bursche! Du bist nicht nur ein Schuft, sondern albern und dumm dazu. Wie? Hatte der König etwa eherne Bildsäulen im Bad aufgestellt, die nicht vom Bad ins Schlafgemach gehen konnten? Das sind die Beschuldigungen wegen des Hinterhalts, weiter hat er nichts gesagt. ›Davon war ich Mitwisser‹, sagt er. – Wie denn? War der König so von Sinnen, dass er den Mitwisser eines solchen Verbrechens von sich fortließ, ihn sogar nach Rom schickte, wo sein Enkel war, sein bitterster Feind, wie er doch wusste, und Caesar, dem er nach dem Leben getrachtet hatte! Besonders da der Sklave doch der einzige war, der ihn in Abwesenheit verraten konnte! (22) ›Und meine Brüder, die auch Mitwisser waren, hat er in Fesseln gelegt.‹ – Während er also die gefangensetzte, die er bei sich hatte, schickte er dich los und ledig nach Rom, und du wusstest doch dasselbe wie diese, sagst du?

8 Der restliche Teil der Anklage besteht aus zwei Punkten: Erstens habe der König immer auf der Lauer gelegen, da er dir feindlich gesinnt war. Zweitens habe er ein großes Heer gegen dich gerüstet. Was das Heer betrifft, will ich, wie bei dem Übrigen, die Sache kurz machen. Niemals verfügte König Deiotarus über eine solche Truppenmacht, um damit Krieg gegen das römische Volk führen zu können. Seine Truppen reichten gerade aus, um seine Grenzen gegen räuberische Einfälle schüt-

latrociniis tueretur et imperatoribus nostris auxilia mitteret. Atque antea quidem maiores copias alere poterat; nunc exiguas vix tueri potest. (23) At misit ad nescio quem Caecilium: sed eos quos misit, quod ire noluerunt, in vincla coniecit. Non quaero quam veri simile sit aut non habuisse regem quos mitteret aut eos qui missi essent non paruisse, aut, qui dicto audientes in tanta re non fuissent, eos vinctos potius quam necatos. Sed tamen cum ad Caecilium mittebat, utrum causam illam victam esse nesciebat an Caecilium istum magnum hominem putabat? quem profecto is qui optime nostros homines novit vel quia non nosset vel si nosset, contemneret. (24) Addit etiam illud, equites non optimos misisse. Credo, Caesar, nihil ad tuum equitatum, sed misit ex eis quos habuit electos. Ait nescio quem ex eo numero servum iudicatum. Non arbitror, non audivi: sed in eo, etiam si accidisset, culpam regis nullam fuisse arbitrarer.

9 Alieno autem a te animo quo modo? Speravit, credo, difficilis tibi Alexandreae fore exitus propter regionum naturam et fluminis. At eo tempore ipso pecuniam dedit, exercitum aluit, ei quem Asiae praefeceras nulla in re defuit; tibi victori non solum ad hospitium sed ad peri-

zen und unseren Feldherrn Hilfstruppen schicken zu
können. Früher konnte er eine größere Truppenmacht
unterhalten,[9] jetzt kann er kaum eine geringe Zahl in gu-
tem Stand halten. (23) Aber er wollte Gesandte an einen
gewissen Caecilius[10] schicken, und weil die dafür Auser-
sehenen nicht gehen wollten, warf er sie ins Gefängnis.
Ich will nicht fragen, wie wahrscheinlich es ist, dass
ein König keine Leute hat, die er als Gesandte schicken
kann, oder dass die Gesandten ihm nicht gehorchen oder
dass er die, die ihm in einer solch wichtigen Sache den
Gehorsam verweigerten, nur ins Gefängnis warf und
nicht töten ließ. Aber war ihm denn, als er die Gesandt-
schaft an Caecilius plante, nicht bekannt, dass dieser der
besiegten Partei angehörte, oder hielt er diesen Caecilius
für einen so großen Mann? Gerade er, der unsere Leute
genauestens kannte, musste doch diesen Caecilius ver-
ächtlich finden, entweder, weil er ihn gar nicht kannte,
oder gerade, weil er ihn kannte. (24) Die Anklage fügt
noch hinzu: Er habe nicht seine besten Reiter geschickt.
Natürlich, Caesar, kein Vergleich mit deiner Reiterei,
aber er hat eine auserlesene Mannschaft geschickt. Es
wird behauptet, darunter sei auch ein Sklave gewesen.
Das glaube ich nicht, habe auch nichts davon gehört,
aber selbst wenn es stimmt, kann ich die Schuld daran
doch nicht dem König geben.

9 Und wie soll sich seine Feindseligkeit dir gegenüber
geäußert haben? Er setzte, glaube ich, seine Hoffnung
darauf, dass es für dich sehr schwer sein würde, aus
Alexandria herauszukommen wegen der Beschaffenheit
des Terrains und des Flusses. Aber gerade zu dieser Zeit
unterstützte Deiotarus dich mit Geld, versorgte dein
Heer mit Lebensmitteln und ließ es deinem Statthalter
in Asien an nichts fehlen. Er hat sich dir nicht nur nach
deinem Sieg als Gastgeber bereitwillig gezeigt, sondern

culum etiam atque ad aciem praesto fuit. (25) Secutum
bellum est Africanum. Graves de te rumores, qui etiam
furiosum illum Caecilium excitaverunt. Quo tum rex
animo, qui auctionatus sit seseque spoliare maluerit
quam tibi pecuniam non subministrare. 'At eo' inquit
'tempore ipso Nicaeam Ephesumque mittebat qui rumores Africanos exciperent et celeriter ad se referrent.
Itaque cum esset ei nuntiatum Domitium naufragio per-
isse, te in castello circumsederi, de Domitio dixit ver-
sum Graecum eadem sententia qua etiam nos habemus
Latinum:

> Pereant amici, dum inimici una intercidant.'

Quod ille, si tibi esset inimicissimus, numquam tamen
dixisset: ipse enim mansuetus, versus immanis. Qui autem Domitio poterat esse amicus, qui tibi esset inimicus? Tibi porro inimicus cur esset a quo, cum vel inter-
fici belli lege potuisset, regem et se et filium suum con-
stitutos esse meminisset? (26) Quid deinde? furcifer quo
progreditur? Ait hac laetitia Deiotarum elatum vino se
obruisse in convivioque nudum saltavisse. Quae crux
huic fugitivo potest satis supplici adferre? Deiotarum
saltantem quisquam aut ebrium vidit umquam? Omnes
sunt in illo rege virtutes, quod te, Caesar, ignorare non
arbitror, sed praecipue singularis et admiranda frugali-

ebenso in Gefahren und Schlachten. (25) Es folgte der Krieg in Afrika.[11] Schwerwiegende Gerüchte kursierten über dich, die auch den rasenden Caecilius aufstachelten. Wie war damals der König dir gegenüber eingestellt, der Versteigerungen abhielt und sich lieber selbst berauben wollte, als dir keine Zuschüsse mehr schicken zu können? Aber, heißt es, gerade zu der Zeit sandte er immer wieder Leute nach Nicäa und Ephesus, die die Nachrichten aus Afrika erkunden und ihm eilends überbringen sollten. Als ihm gemeldet wurde, Domitius sei bei einem Schiffbruch ums Leben gekommen und du werdest in einem Kastell belagert, da habe er über Domitius einen griechischen Vers zitiert, desselben Inhalts, wie wir ihn auch lateinisch haben:

>Hol der Teufel die Freunde, wenn nur der Feind
                    mit untergeht!<[12]

Aber so etwas hätte er, selbst wenn er dein schlimmster Feind gewesen wäre, dennoch niemals gesagt, denn er ist gutherzig, der Vers aber ist roh. Wie konnte er aber der Freund des Domitius sein, wenn er dein Feind war? Und warum sollte er dein Feind sein – er wusste doch, dass er mit seinem Sohn von dir in seiner Königswürde bestätigt worden war, obwohl du ihn nach dem Kriegsrecht hättest töten lassen können. (26) Was soll's also noch? Wie weit treibt es der Galgenstrick? Da sagt er doch, Deiotarus, entzückt über die frohe Nachricht, habe weinberauscht bei einem Gastmahl nackt getanzt. Was für ein Kreuz könnte als Strafe für diesen entlaufenen Kerl genügen? Hat je einer den Deiotarus tanzen oder betrunken gesehen? Alle edlen Charaktereigenschaften vereinigen sich in diesem König, ich glaube, das ist dir nicht unbekannt, Caesar. Aber besonders zeichnet er sich durch eine einzigartige, bewundernswerte Mäßig-

tas: etsi hoc verbo scio laudari reges non solere. Frugi
hominem dici non multum habet laudis in rege: fortem,
iustum, severum, gravem, magni animi, largum, benefi-
cum, liberalem: hae sunt regiae laudes, illa privata est. Ut
volet quisque, accipiat: ego tamen frugalitatem, id est
modestiam et temperantiam, virtutem maximam iudico.
Haec in illo est ab ineunte aetate cum a cuncta Asia, cum
a magistratibus legatisque nostris, tum ab equitibus Ro-
manis qui in Asia negotiati sunt perspecta et cognita.
(27) Multis ille quidem gradibus officiorum erga rem publicam nostram ad hoc regium nomen ascendit; sed tamen quicquid a bellis populi Romani vacabat, cum hominibus nostris consuetudines, amicitias, res rationes-
que iungebat, ut non solum tetrarches nobilis sed etiam
optimus pater familias et diligentissimus agricola et pe-
cuarius haberetur. Qui igitur adulescens nondum tanta
gloria praeditus nihil umquam nisi severissime et gravissime fecerit, is ea existimatione eaque aetate saltavit?
10 (28) Imitari, Castor, potius avi mores disciplinamque
debebas quam optimo et clarissimo viro fugitivi ore
male dicere. Quod si saltatorem avum habuisses neque
eum virum unde pudoris pudicitiaeque exempla pete-
rentur, tamen hoc maledictum minime in illam aetatem
conveniret. Quibus ille studiis ab ineunte aetate se im-

keit aus, und ich weiß wohl, dass dies kein gängiges Lob
der Könige ist. Mäßig zu sein gilt nicht als großes Lob
bei einem König; tapfer, gerecht, streng, würdig, hochherzig, freigebig, wohltätig, großzügig soll er sein. Das
sind die Tugenden eines Königs, die Mäßigkeit lobt man
eher an einem Privatmann. Doch darüber mag jeder denken, wie er will, für mich jedenfalls ist die Mäßigung,
das heißt die Zurückhaltung und Selbstbeherrschung,
eine der größten Tugenden. Und sie nahm man an ihm
schon vom frühesten Mannesalter an wahr. Ganz Asien,
unsere Beamten, die Vertreter des Statthalters sowie die
römischen Ritter, die in Asien Geschäfte trieben[13] – alle
kannten sie. (27) Auf einer Stufenleiter von Diensten für
unseren Staat ist er zur Würde des königlichen Namens
emporgestiegen. Sooft ihm aber die Kriege des römischen Volkes dazu Zeit ließen, unterhielt er gesellligen
Umgang, Freundschafts- und Geschäftsbeziehungen zu
unseren Landsleuten, so dass man ihn nicht nur als angesehenen Fürsten, sondern auch als guten Hausvater, flei-
ßigen Landwirt und Viehzüchter kennenlernte. Er hat
sich schon als junger Mann, als er noch nicht durch so
großen Ruhm ausgezeichnet war, nicht anders als höchst
ernsthaft und würdevoll benommen, wie sollte er sich in
hohem Ansehen und vorgerücktem Alter als Tänzer
produzieren? 10 (28) Hättest du dir lieber an den Sitten
und der strengen Zucht deines Großvaters ein Beispiel
genommen, Castor, statt einen so trefflichen und berühmten Mann durch den Mund eines entlaufenen Sklaven verleumden zu lassen. Gesetzt den Fall, du hättest
wirklich einen Großvater, der tanzt, und nicht einen
Mann, den man sich zum Vorbild für Anstand und Sit-
te nehmen könnte, so würde eine solche Verleumdung
doch in keinem Fall zu seinem Alter passen. Die Fähig-
keiten, in denen er sich von frühester Jugend an übte,

buerat, non saltandi, sed bene ut armis, optime ut equis
uteretur, ea tamen illum cuncta iam aetate defecerant.
Itaque Deiotarum cum plures in equum sustulissent,
quod haerere in eo senex posset, admirari solebamus: hic
vero adulescens qui meus in Cilicia miles, in Graecia
commilito fuit, cum in illo nostro exercitu equitaret cum
suis delectis equitibus quos una cum eo ad Pompeium
pater miserat, quos concursus facere solebat, quam se
iactare, quam ostentare, quam nemini in illa causa studio
et cupiditate concedere! (29) Tum vero exercitu amisso
ego, qui pacis semper auctor, post Pharsalicum autem
proelium suasor fuissem armorum non ponendorum,
sed abiciendorum, hunc ad meam auctoritatem non po-
tui adducere, quod et ipse ardebat studio illius belli et
patri satis faciendum arbitrabatur. Felix ista domus quae
non impunitatem solum adepta sit sed etiam accusandi
licentiam: calamitosus Deiotarus qui et ab eo qui in isdem castris fuerit, et non modo apud te sed etiam a suis
accusetur! Vos vestra secunda fortuna, Castor, non pot-
estis sine propinquorum calamitate esse contenti?

11 (30) Sint sane inimicitiae, quae esse non debebant –
rex enim Deiotarus vestram familiam abiectam et obscu-
ram e tenebris in lucem evocavit: quis tuum patrem ante
quis esset quam cuius gener esset audivit? – sed quamvis
ingrate et impie necessitudinis nomen repudiaretis, ta-

nicht das Tanzen, sondern vorzügliche Handhabung der
Waffen, hervorragende Reitkunst, selbst diese alle hatten
ihn im Alter verlassen. Dass Deiotarus sich in seinem
hohen Alter noch auf dem Pferd halten konnte, nachdem
mehrere Leute ihn hinaufgehoben hatten, das haben wir
immer bewundert. Wenn dieser junge Mann aber, der in
Kilikien unter mir, in Griechenland mit mir zusammen
Kriegsdienste leistete, mit seiner auserlesenen Reiter-
schar, die sein Vater mit ihm zusammen zu Pompeius
gesandt hatte, in unserem Heer herumritt, was machte er
da für ein künstliches Aufsehen, wie warf er sich in die
Brust, ließ sich von allen bestaunen! Von niemand ließ er
sich bei diesem Streit in leidenschaftlicher Parteinahme
übertreffen. (29) Als dann das Heer verloren war, habe
ich, immer Anwalt des Friedens, nach der Schlacht von
Pharsalos geraten, die Waffen nicht niederzulegen, sondern ganz wegzuwerfen. Ich konnte ihn aber nicht zu
meiner Ansicht bekehren, er glühte vor Leidenschaft für
diesen Krieg und war der Überzeugung, er müsse so
dem Willen seines Vaters Genüge tun. Glücklich das
Haus, das nicht nur Straffreiheit, sondern sogar das
Recht der Anklage erreicht hat, unglücklicher Deiotarus! Er wird von dem angeklagt, der sich im selben Lager befand, nicht nur vor dir, Caesar, sondern auch noch
von der eigenen Familie. Könnt ihr nicht mit euren Er-
folgen zufrieden sein, Castor, ohne dass ihr eure Verwandten ins Unglück stürzen müsst?

11 (30) Mag es Feindschaften geben, wenn es auch
nicht sein sollte – jedenfalls hat König Deiotarus eure
niedrige und unbekannte Familie aus dem Dunkel her-
vorgezogen und ans Licht gebracht: Wer hätte von deinem Vater eher gehört, wer er ist, als wessen Schwieger-
sohn er ist? Aber wie undankbar und gewissenlos ihr
euch auch von den Banden der Verwandtschaft losgesagt

men inimicitias hominum more gerere poteratis, non
ficto crimine insectari, non expetere vitam, non capitis
arcessere. Esto: concedatur haec quoque acerbitatis et
odi magnitudo: adeone ut omnia vitae salutisque communis atque etiam humanitatis iura violentur? Servum
sollicitare verbis, spe promissisque corrumpere, abdu-
cere domum, contra dominum armare, hoc est non uni
propinquo, sed omnibus familiis nefarium bellum indi-
cere. Nam ista corruptela servi si non modo impunita
fuerit sed etiam a tanta auctoritate approbata, nulli parietes nostram salutem, nullae leges, nulla iura custo-
dient. Ubi enim id quod intus est atque nostrum impune
evolare potest contraque nos pugnare, fit in dominatu
servitus, in servitute dominatus. (31) O tempora, o mores! Cn. Domitius ille quem nos pueri consulem, censo-
rem, pontificem maximum vidimus, cum tribunus plebis
M. Scaurum principem civitatis in iudicium populi voca-
visset Scaurique servus ad eum clam domum venisset et
crimina in dominum delaturum se esse dixisset, prendi
hominem iussit ad Scaurumque deduci. Vide quid inter-
sit, etsi inique Castorem cum Domitio comparo: sed tamen ille inimico servum remisit, tu ab avo abduxisti; ille
incorruptum audire noluit, tu corrupisti; ille adiutorem

habt, ihr hättet eure Feindschaft doch irgendwie auf
menschliche Weise austragen können, nicht durch Straf-
verfolgung aufgrund einer erdichteten Anklage, nicht
durch einen Angriff auf die Person, einen Prozess auf
Leben und Tod. Aber immerhin, man soll euch dieses
Maß an Grausamkeit und Hass einräumen, doch soll das
so weit gehen, dass alle Rechte des Lebens, des Gemeinwohls und der Menschlichkeit verletzt werden? Einen
Sklaven mit Worten aufstacheln, ihn mit Hoffnungen
und Versprechungen bestechen, ihn seinen Leuten ab-
spenstig machen, ihm Waffen gegen seinen Herrn in die
Hand geben, das heißt nicht einem Verwandten, sondern
allen Familien einen frevelhaften Krieg ansagen. Denn
wenn diese Bestechung eines Sklaven nicht nur ungestraft bleibt, sondern sogar von einer solchen Autorität
gebilligt wird, dann schützen keine Wände mehr unsre
Sicherheit, keine Gesetze, kein Recht. Wenn nämlich das,
was bei uns im Haus und unser Eigentum ist, ungestraft
ausfliegen und gegen uns kämpfen kann, dann wird aus
Herrschaft Sklaverei und aus Sklaverei Herrschaft.
(31) Was für Zeiten, was für Sitten! Der bekannte Gnaeus Domitius, den wir in unsrer Knabenzeit als Konsul,
Zensor und Pontifex maximus sahen, lud als Volkstribun
den Marcus Scaurus, den ersten Mann des Staates, vor
ein Volksgericht. Da kam ein Sklave des Scaurus heimlich zu ihm ins Haus und sagte, er wolle Beschuldigungen gegen seinen Herrn vorbringen. Domitius ließ ihn
festnehmen und zu Scaurus zurückführen. Was für ein
Unterschied, wenn ich auch einen Castor nicht mit einem Domitius vergleichen sollte. Aber immerhin hat er
einem Feind seinen Sklaven zurückgeschickt, du hast ihn
deinem Großvater entführt. Er wollte den Sklaven, obwohl er nicht bestochen war, nicht anhören, du hast ihn
bestochen. Er verschmähte die Beihilfe des Sklaven ge-

servum contra dominum repudiavit, tu etiam accusatorem adhibuisti. At semel iste est corruptus a vobis. (32) Nonne, cum esset perductus et cum tecum fuisset, refugit ad legatos? nonne ad hunc Cn. Domitium venit? nonne audiente hoc Ser. Sulpicio, clarissimo viro, qui tum casu apud Domitium cenabat, et hoc T. Torquato, optimo adulescente, se a te corruptum, tuis promissis in fraudem impulsum esse confessus est? 12 Quae est ista tam impotens, tam crudelis, tam immoderata inhumanitas? Idcirco in hanc urbem venisti ut huius urbis iura et exempla corrumperes domesticaque immanitate nostrae civitatis humanitatem inquinares?

(33) At quam acute conlecta crimina! 'Blesamius' inquit – eius enim nomine, optimi viri nec tibi ignoti, male dicebat tibi – 'ad regem' inquit 'scribere solebat te in invidia esse, tyrannum existimari, statua inter reges posita animos hominum vehementer offensos, plaudi tibi non solere.' Nonne intellegis, Caesar, ex urbanis malevolorum sermunculis haec ab istis esse conlecta? Blesamius tyrannum Caesarem scriberet? Multorum enim capita civium viderat, multos iussu Caesaris vexatos, verberatos, necatos, multas adflictas et eversas domos, armatis militibus refertum forum! Quae semper in civili victoria

gen den Herrn, du gebrauchst ihn sogar als Ankläger.
Aber ist er nur einmal von euch bestochen worden?
(32) Ist er nicht, nachdem er schon als Zeuge vorgeführt
worden war und bei dir weilte, zu den Gesandten
zurückgeflohen? Ist er nicht zu dem hier anwesenden
Gnaeus Domitius[14] gekommen? Hat er nicht im Beisein
des ebenfalls anwesenden Servius Sulpicius[15], dieses
hochangesehenen Mannes, der damals zufällig bei Domitius zu Tische war, und im Beisein des Titus Torquatus,
dieses vornehmen jungen Mannes, zugegeben, er sei von
dir bestochen, durch deine Versprechungen zum Betrug
verleitet worden? 12 Was für eine schamlose, grausam
unmenschliche Haltung, die alles Maß übersteigt! Bist du
deshalb in diese Stadt gekommen, um Recht und Vorbild
in unserer Stadt zu zerstören und durch dein menschen-
unwürdiges Verhalten einem Familienmitglied gegenüber die Menschlichkeit aller Bürger in den Schmutz zu
ziehen?

(33) Aber wie schlau sind diese Beschuldigungen zu-
sammengelesen! Blesamius[16], heißt es – denn den Namen dieses tüchtigen, dir nicht unbekannten Mannes
gebrauchte er für seine Verleumdungen –, pflegte an den
König zu schreiben, du seiest gar nicht beliebt, man
halte dich für einen Tyrannen; dass deine Statue neben
denen der Könige aufgestellt worden sei, habe bei den
Leuten ziemlichen Anstoß erregt, sie würden dich nicht
mehr mit Beifallklatschen begrüßen. Es ist dir doch klar,
Caesar, dass die hier den Stadtklatsch der Übelwollen-
den zusammengetragen haben. Blesamius soll geschrieben haben, Caesar sei ein Tyrann? Da hat er wohl viele
Köpfe von Bürgern rollen sehen, viele auf Caesars Be-
fehl gefoltert, geschlagen, getötet, viele Häuser ins Unglück gestürzt, bis auf den Grund zerstört, das Forum
starrend von Bewaffneten? Was wir jedesmal beim sieg-

sensimus, ea te victore non vidimus. (34) Solus, inquam,
es, C. Caesar, cuius in victoria ceciderit nemo nisi armatus. Et quem nos liberi in summa populi Romani liber-
tate nati non modo non tyrannum sed etiam clementissi-
mum in victoria ducimus, is Blesamio qui vivit in regno
tyrannus videri potest? Nam de statua quis queritur, una
praesertim, cum tam multas videat? Valde enim inviden-
dum est eius statuis cuius tropaeis non invidemus. Nam
si locus adfert invidiam, nullus est ad statuam quidem
rostris clarior. De plausu autem quid respondeam? qui
nec desideratus umquam in te est et non numquam ob-
stupefactis hominibus ipsa admiratione compressus est
et fortasse eo praetermissus quia nihil volgare te dignum
videri potest.

13 (35) Nihil a me arbitror praeteritum, sed aliquid ad
extremam partem causae reservatum. Id autem aliquid
est, te ut plane Deiotaro reconciliet oratio mea. Non
enim iam metuo ne illi tu suscenseas; illud vereor ne tibi
illum suscensere aliquid suspicere: quod abest longis-
sime, mihi crede, Caesar. Quid enim retineat per te
meminit, non quid amiserit; neque se a te multatum arbitratur, sed, cum existimaret multis tibi multa esse tri-
buenda, quo minus a se qui in altera parte fuisset ea su-
meres non recusavit. (36) Etenim si Antiochus Magnus
ille, rex Asiae, cum, postea quam a L. Scipione devictus

reichen Abschluss eines Bürgerkriegs erleben mussten, das haben wir bei dir als Sieger nicht gesehen. (34) Du bist der einzige, ich spreche es aus, Caesar, bei dessen Sieg nur Bewaffnete gefallen sind. Und der Mann, den wir, als Freie geboren zu Zeiten der größten Freiheit des römischen Volkes, keinen Tyrannen nennen, ja nicht nur das, sondern der für uns als Sieger die Milde in Person ist, der soll einem Blesamius, der unter einer Königsherrschaft lebt, als Tyrann vorkommen? Wer wird sich denn über eine Statue beklagen, eine einzige nur, da man doch so viele zu sehen bekommt? Da wird man wohl die Aufstellung von Statuen eines Mannes mit Neid verfolgen, dessen Siegeszeichen wir neidlos ansehen. Denn wenn der Ort der Aufstellung Anlass zur Anfeindung gibt – kein Ort ist ehrenvoller für ein Standbild als die Rednerbühne[17]. Über das Beifallklatschen, was soll ich da sagen? Du hast es nie gewünscht, bisweilen wurde es durch die Bewunderung selbst, die die Menschen wie eine Art Betäubung ergriff, unterdrückt und vielleicht deshalb unterlassen, weil nichts allgemein Übliches deiner würdig erscheinen konnte.

13 (35) Ich glaube, ich habe nichts übergangen. Etwas habe ich aber für den Schlussteil meiner Rede aufgespart. Und dieser Punkt ist von der Art, dass dich meine Rede ganz mit Deiotarus aussöhnen wird. Denn ich fürchte jetzt nicht mehr, dass du ihm zürnst, ich bin besorgt, du könntest glauben, er trage dir etwas nach. Aber das ist ganz und gar nicht der Fall, glaube mir, Caesar. Er erinnert sich nur daran, was er durch dich behalten, nicht, was er verloren hat. Auch glaubt er nicht, er sei von dir gestraft, sondern da er einsieht, dass du vielen vieles schuldig bist, hat er nichts dagegen, dass du ihm, der auf der Gegenseite stand, etwas wegnahmst. (36) Denn wenn Antiochus der Große[18], König von Asien – er

Tauro tenus regnare iussus est, omnem hanc Asiam quae
est nunc nostra provincia amisisset, dicere est solitus be-
nigne sibi a populo Romano esse factum, quod nimis
magna procuratione liberatus modicis regni terminis
uteretur, potest multo facilius hoc se Deiotarus conso-
lari. Ille enim furoris multam sustulerat, hic erroris.
Omnia tu Deiotaro, Caesar, tribuisti, cum et ipsi et filio
nomen regium concessisti. Hoc nomine retento atque
servato nullum beneficium populi Romani, nullum iudicium de se senatus imminutum putat. Magno animo et
erecto est, nec umquam succumbet inimicis, ne fortunae
quidem. (37) Multa se arbitratur et peperisse ante factis
et habere in animo atque virtute, quae nullo modo possit
amittere. Quae enim fortuna aut quis casus aut quae
tanta possit iniuria omnium imperatorum de Deiotaro
decreta delere? Ab omnibus est enim is ornatus qui,
postea quam in castris esse potuit per aetatem, in Asia,
Cappadocia, Ponto, Cilicia, Syria bella gesserunt: senatus vero iudicia de illo tam multa tamque honorifica,
quae publicis populi Romani litteris monumentisque
consignata sunt, quae umquam vetustas obruet aut quae
tanta delebit oblivio? Quid de virtute eius dicam, de
magnitudine animi, gravitate, constantia? quae omnes
docti atque sapientes summa, quidam etiam bona sola
esse dixerunt, eisque non modo ad bene sed etiam ad

musste, von Scipio besiegt, seinem Reich den Taurus als
Grenze setzen und hatte ganz Asien, das jetzt unsere
Provinz ist, verloren –, zu sagen pflegte, die Römer seien
gütig mit ihm verfahren, da er von der Last einer riesi-
gen Verwaltung befreit und auf mäßige Grenzen be-
schränkt sei – da kann sich Deiotarus noch viel leichter
trösten. Denn Antiochus war für seine Wahnsinnstaten
bestraft worden, er aber nur für seinen Irrtum. Alles
hast du dem Deiotarus bewilligt, Caesar, indem du ihm
und seinem Sohn den Königstitel zugestanden hast. Da
ihm dieser Titel erhalten und bewahrt blieb, ist er der
Auffassung, kein Gunstbeweis des römischen Volkes,
kein Senatsbeschluss über ihn sei geschmälert worden.
Er ist hochherzig und aufrechten Mutes, nie wird er
seinen Feinden, nie selbst dem Schicksal unterliegen.
(37) Vieles glaubt er sich durch seine Taten in der Ver-
gangenheit erworben zu haben, und vieles besitzt er in
seiner Gesinnung und seinem edlen Charakter, was er
auf keine Weise verlieren kann. Denn welches Schicksal,
welches Unglück, was für eine noch so große Kränkung
vermag die Belobigungsdekrete sämtlicher Feldherren
auszulöschen? Von allen ist er nämlich ausgezeichnet
worden, die, seit er das felddienstfähige Alter erreicht
hatte, in Asien, Kappadokien, Pontus, Kilikien und Syrien Kriege geführt haben.[19] Die Urteile des Senats über
ihn aber, so zahlreich, so ehrenvoll, die in den Urkunden
und Dokumenten des römischen Volkes verzeichnet stehen, wie könnten sie je durch die Zeit verschüttet oder
durch die Macht des Vergessens vernichtet werden? Was
soll ich von seiner Vortrefflichkeit sagen, von seiner See-
lengröße, Würde und Charakterstärke, Eigenschaften,
die die Gelehrten und Weisen die höchsten, einige sogar
die einzigen Güter genannt haben, die der Tugend nicht
nur zu einem guten, sondern sogar zu einem glücklichen

beate vivendum contentam esse virtutem. (38) Haec ille
reputans et dies noctesque cogitans non modo tibi non
suscenset – esset enim non solum ingratus sed etiam
amens –, verum omnem tranquillitatem et quietem se-
nectutis refert acceptam clementiae tuae. 14 Quo quidem animo cum antea fuit, tum non dubito quin tuis litteris, quarum exemplum legi, quas ad eum Tarracone
huic Blesamio dedisti, se magis etiam erexerit ab omni-
que sollicitudine abstraxerit. Iubes enim eum bene sperare et bono esse animo, quod scio te non frustra scribere solere. Memini enim isdem fere verbis ad me te
scribere meque tuis litteris bene sperare non frustra esse
iussum. (39) Laboro equidem regis Deiotari causa quocum mihi amicitiam res publica conciliavit, hospitium
voluntas utriusque coniunxit, familiaritatem consuetudo
attulit, summam vero necessitudinem magna eius officia
in me et in exercitum meum effecerunt: sed cum de illo
laboro, tum de multis amplissimis viris quibus semel
ignotum a te esse oportet, nec tuum beneficium in du-
bium vocari, nec haerere in animis hominum sollicitu-
dinem sempiternam, nec accidere ut quisquam te timere incipiat eorum qui sint semel a te liberati timore.
(40) Non debeo, Caesar, quod fieri solet in tantis pericu-
lis, temptare ecquonam modo dicendo misericordiam
tuam commovere possim. Nihil opus est. Occurrere solet ipsa supplicibus et calamitosis, nullius oratione evo-

Leben genügen? (38) Damit beschäftigt er sich Tag und Nacht in seinen Gedanken, und er hegt nicht nur keinen Groll gegen dich – sonst wäre er nicht nur undankbar, sondern auch wahnsinnig –, vielmehr hält er all die friedliche Ruhe seines Alters für ein Geschenk deiner Milde. 14 Bei dieser seiner bisherigen Einstellung zweifle ich nicht, dass er sich durch deinen Brief, den du von Tarraco[20] aus dem Blesamius hier mitgegeben hast und von dem ich eine Abschrift gelesen habe, noch mehr aufgerichtet und von aller Besorgnis befreit gefühlt hat. Du heißt ihn darin zuversichtlich und guten Mutes sein, und ich weiß, du schreibst so etwas nicht ohne Grund. Ich erinnere mich ja, dass du mit fast denselben Worten an mich geschrieben hast und mich in deinem Brief nicht grundlos ermutigt hast, zuversichtlich zu sein. (39) Der Fall des Königs Deiotarus liegt mir auch persönlich am Herzen, hat uns doch das Staatsinteresse in Freundschaft zusammengeführt, wir sind auf beiderseitigen Wunsch Gastfreunde geworden, haben freundschaftliche Beziehungen zueinander gehabt, und ich bin ihm wegen seiner großen Dienste mir und meinem Heer gegenüber zu höchstem Dank verpflichtet. Wie seine Sache, so liegt mir aber die vieler hochangesehener Männer am Herzen, denen du unbedingt ein für allemal Verzeihung gewährt haben musst, damit man nicht einen Gunstbeweis von dir in Zweifel ziehen kann und kein dauernder Stachel der Besorgnis in den Gemütern der Menschen haften bleibt. Es darf nicht so weit kommen, dass einer von denen, die du einmal von Furcht befreit hast, wieder beginnen müsste, dich zu fürchten. (40) Ich darf gar nicht den Versuch machen, Caesar, wie es in solchen Prozessen üblich ist, in meiner Rede auf irgendeine Weise dein Mitleid zu erregen. Das ist nicht nötig. Es kommt ja gewöhnlich von sich aus den Bittenden und Unglücklichen

cata. Propone tibi duos reges et id animo contemplare
quod oculis non potes: dabis profecto id misericordiae
quod iracundiae denegasti. Multa sunt monumenta clementiae tuae, sed maxime eorum incolumitates quibus
salutem dedisti. Quae si in privatis gloriosa sunt, multo
magis commemorabuntur in regibus. Semper regium
nomen in hac civitate sanctum fuit, sociorum vero regum et amicorum sanctissimum. **15** (41) Quod nomen
hi reges ne amitterent te victore timuerunt, retentum
vero et a te confirmatum posteris etiam suis tradituros se
esse confidunt. Corpora sua pro salute regum suorum hi
legati regii tradunt, Hieras et Blesamius et Antigonus,
tibi nobisque omnibus iam diu noti, eademque fide et
virtute praeditus Dorylaus, qui nuper cum Hiera legatus
est ad te missus, cum regum amicissimi, tum tibi etiam,
ut spero, probati. (42) Exquire de Blesamio num quid ad
regem contra dignitatem tuam scripserit. Hieras quidem
causam omnem suscipit et criminibus illis pro rege se
supponit reum. Memoriam tuam implorat, qua vales
plurimum; negat umquam se a te in Deiotari tetrarchia
pedem discessisse; in primis finibus tibi praesto se fuisse
dicit, usque ad ultimos prosecutum; cum e balneo exis-
ses, tecum se fuisse, cum illa munera inspexisses cenatus,

entgegen und braucht nicht erst durch die Rede hervor-
gerufen zu werden. Stelle dir die zwei Könige[21] vor und
betrachte im Geist, was du mit den Augen nicht kannst:
Du wirst sicher dem Mitleid gewähren, was du der Er-
bitterung verweigert hast. Zahlreich sind die Beispiele
deiner Milde, aber das Größte ist, dass du die unangetastet gelassen hast, denen du Rettung gewährt hast. Wenn
das schon Privatpersonen gegenüber rühmlich ist, so
wird man es bei Königen noch mehr lobend erwähnen.
Immer wurde der königliche Name in diesem Staat heilig gehalten, besonders heilig aber der Name von ver-
bündeten und befreundeten Königen.   15 (41) Diesen
Namen bei deinem Sieg zu verlieren fürchteten diese
Könige, nun, da er ihnen erhalten und von dir bestätigt
worden ist, vertrauen sie darauf, ihn ihren Nachkommen
weitergeben zu können. In eigener Person leisten dir
Bürgschaft für ihre Könige: die königlichen Abgesandten Hieras, Blesamius und Antigonus, dir und uns allen
seit langem bekannt, ebenso Dorylaus, ein Mann von
derselben Treue und Tüchtigkeit, der neulich mit Hieras
zusammen zu dir gesandt wurde. Sie sind die treuesten
Freunde ihrer Könige und gelten, wie ich hoffe, auch bei
dir als erprobte Männer. (42) Forsche du nur den Blesamius darüber aus, ob er etwas gegen dein Ansehen an
den König geschrieben hat. Hieras nimmt die ganze Anklage auf sich und bietet sich dir statt des Königs zur ge-
richtlichen Untersuchung an. Er appelliert an dein Gedächtnis, durch dessen Stärke du dich besonders aus-
zeichnest, er versichert, dir während deines Aufenthaltes
im Reich des Deiotarus keinen Schritt von der Seite ge-
wichen zu sein. Gleich als du das Land betreten hast,
sagt er, sei er bei dir gewesen und habe dich bis an die
äußerste Grenze begleitet; als du das Bad verlassen hast,
sei er bei dir gewesen, als du nach dem Essen die Ge-

cum in cubiculo recubuisses; eandemque adsiduitatem
tibi se praebuisse postridie. (43) Quam ob rem si quid
eorum quae obiecta sunt cogitatum sit, non recusat quin
id suum facinus iudices. Quocirca, C. Caesar, velim existimes hodierno die sententiam tuam aut cum summo
dedecore miserrimam pestem importaturam esse regibus
aut incolumem famam cum salute: quorum alterum op-
tare illorum crudelitatis est, alterum conservare clementiae tuae.

schenke besichtigtest, als du dich im Schlafgemach zur
Ruhe begabst, und ebenso sei er am nächsten Tag ununter-
terbrochen um dich gewesen. (43) Deshalb will er, wenn
wirklich irgendetwas geplant gewesen sei von dem, was
man hier vorbringe, nichts dagegen einwenden, wenn du
das als seine eigene Tat erklärst. Sei deshalb überzeugt,
Caesar, dass deine Entscheidung am heutigen Tag den
Königen entweder die größte Schande und das elendeste
Verderben oder aber Heil und die Unversehrtheit ihres Namens bringen wird. Das erstere wünschen die
Ankläger in ihrer Grausamkeit, das andere zu bewahren
kommt deiner Milde zu.

Anmerkungen

Rede für Marcellus

1 Eine der berühmtesten und ältesten Adelsfamilien Roms, aus der auch M. Claudius Marcellus stammte, der im Zweiten Punischen Krieg Syrakus eroberte. Gaius ist der Vetter des Marcus Marcellus. Dieser fiel auf der Rückreise aus dem Exil einem Mord zum Opfer. Vgl. die Würdigung Cic., Brut. 248 ff.

2 Nämlich dass Caesar bei seinem Einmarsch in Rom mit ähnlicher Grausamkeit vorgehen werde wie seinerzeit Sulla im Bürgerkrieg gegen Marius (82 v. Chr.).

3 Noch Anfang Januar 48 v. Chr. gab es Vermittlungsangebote zwischen Caesar und dem Senat, die den drohenden Krieg verhindern sollten.

4 D. h. dem Gewand, das man im Frieden trug. Gegen Ciceros Rat beschloss der Senat am 7. Januar 48 den Staatsnotstand (*Senatus consultum ultimum*); am 10./11. Januar überschritt Caesar den Rubikon.

5 Gemeint ist Pompeius. Aus Ciceros Briefen geht hervor, dass er sich nur mit größten Bedenken schließlich Pompeius anschloss, weil der Senat ihn zum Oberbefehlshaber ernannt hatte. Vgl. u. a. Cic., Att. 8,11, bes. D 6.

6 Die auf der Seite des Pompeius und des Senats stehende Partei drohte an, keine Neutralität zu respektieren, sondern alle als Feinde zu behandeln, die in Italien geblieben und Pompeius nicht in den Osten gefolgt waren.

7 *Ut rem publicam constituas:* Hierbei soll man zugleich mithören, »dass du die bisherige *res publica* wieder herstellst«. In dieser Kernstelle der Rede wird Caesar angesprochen wie Scipio Africanus im *somnium Scipionis* (Scipios Traum, *De re publica* VI 12: *dictator rem publicam constituas oportet* / »du musst als Diktator – d. h.

als Beamter mit außerordentlichen Vollmachten auf Zeit
– das Staatswesen ordnen«. Bei der folgenden Aufforde-
rung, sich des geordneten Staates dann in größter Ruhe
und Muße zu erfreuen (27), lag die Erinnerung an Sulla
nahe, der die Diktatur niedergelegt und sich ins Privat-
leben zurückgezogen hatte.

8 *munera:* Geldzuwendungen an Soldaten und Volk sowie
die überaus aufwendigen Zirkusspiele, die Caesar veran-
staltete.

9 Die berühmte Formel des Tacitus: *sine ira et studio*
(Ann. I 1) erscheint vielfach bei Cicero vorgeprägt.
Sie ist bereits ein Topos hellenistischer Geschichtsschrei-
bung.

10 Die Epikureer, denen Caesar nahestand, lehrten, dass
mit dem Tode jegliche Empfindung aufhöre, da die Seele
nicht unsterblich sei.

Rede für Ligarius

1 Lucius Aelius Tubero, der Vater des Anklägers Quintus
Tubero, war mit Cicero verschwägert.

2 C. Vibius Pansa, ein enger Mitarbeiter Caesars, fiel später als Konsul in der Schlacht von Mutina gegen Anto-
nius (43 v. Chr.). Pansa hatte eine Verteidigungsrede gehalten, in der er den Anklagepunkt behandelte, Ligarius
habe in Afrika mit dem Numiderkönig Juba kollabo-
riert (vgl. Quint. inst. 11,1,80). Juba war wegen seiner
Parteinahme für Pompeius von Caesar 48 v. Chr. zum
Staatsfeind erklärt worden.

3 Stark ironischer Anfang (vgl. Quint. inst. 4,1,38 f.): Caesar berichtet diese Ereignisse selbst in seinem Werk über
den Bürgerkrieg (bell. civ. 1,31).

4 Adjutant und Stellvertreter des Statthalters.

5 C. Considius Longus war 50 v. Chr. Statthalter der Pro-

vinz Africa (Nordafrika, hauptsächlich das Gebiet um Karthago), ging aber im folgenden Jahr nach Rom, um sich um das Konsulat zu bewerben. Die römischen Gebiete Nordafrikas wurden dann im Bürgerkrieg eine Bastion der Pompeianer.

6 Die Einwohner der Provinzen, die nicht das römische Bürgerrecht besaßen, erhielten den Ehrennamen »Bundesgenossen«.

7 Stadt bei Karthago, berühmt durch Cato den Jüngeren, der Uticensis genannt wurde, weil er sich als Verfechter der Republik dort nach Caesars Sieg bei Thapsos das Leben genommen hatte, um nicht der Gnade des Siegers ausgeliefert zu sein (46 v. Chr.).

8 Die beiden Brüder verhielten sich neutral und stellten sich später auf Caesars Seite; vgl. c. 34.

9 Caesar beließ Cicero den Imperatorentitel, den er während seiner Statthalterschaft in Kilikien (südöstliches Kleinasien) erworben hatte, und die damit verbundene Anwartschaft auf einen Triumph. Die *fasces*, die lorbeergeschmückten Rutenbündel, wurden von den Liktoren dem Imperator als Zeichen seiner Würde vorangetragen. Angesichts der Kriegsereignisse verzichtete Cicero im Oktober 47 v. Chr. auf diese Ehre.

10 Die Todesstrafe wurde an römischen Bürgern im Allgemeinen nicht vollstreckt, sondern in Verbannung umgewandelt. Da sich Ligarius bereits im Exil befand, musste es Tubero also auf sein Leben abgesehen haben.

11 Der Diktator ist Sulla, während dessen Schreckensherrschaft Tausende durch die Ächtungen, die Proskriptionen, umkamen. Caesar hatte 64 v. Chr. als Gerichtsvorsitzender Klagen gegen die Mörder angenommen, obwohl ein Gesetz Sullas dies verbot.

12 Mit diesem Vorwurf mangelnder Humanität pariert Cicero die Anklage Tuberos, es sei unmenschlich gewesen, ihn mit seinem kranken Sohn nicht an Land gehen zu lassen; vgl. c. 24 Ende.

13 Cicero stellt hier Caesars Standpunkt dar, der es als Ehrenkränkung ansah, dass man ihn aus Gallien abberief und ihm nicht gestattete, sich in Abwesenheit um das Konsulat zu bewerben. Diese Verletzung seiner *dignitas* nannte er als Grund für das Überschreiten des Rubikon und den Beginn des Krieges (vgl. bell. civ. 1,7,7; 9,1 f.).

14 Ein vorsichtiger Hinweis darauf, dass sich auf Caesars Seite in großer Zahl Opportunisten, Bankrotteure und Abenteurer befanden. Cicero nennt sie in seinen Briefen »die Unterwelt« (νέκυια); vgl. Att. 9,18,2; 7,3,5. – Vgl. zum Folgenden den berühmten Ausspruch aus Lucans Bürgerkriegsepos *Pharsalia: victrix causa diis placuit, sed victa Catoni* »Die siegreiche Sache gefiel den Göttern, die besiegte aber dem Cato!« (1,128)

15 Pompeius.

16 König Juba von Numidien, der Pompeius verpflichtet war. Auf der Seite des Pompeius standen auch die Genossenschaften römischer Bürger in den Städten Afrikas.

17 Die Ligarier stammten aus dem Sabinerland. Caesar hatte, 82 v. Chr. von Sulla geächtet, dort Zuflucht gefunden (vgl. Plut., Caes. 1).

18 *Wir:* die Pompeianer.

19 Vor Gericht pflegten die Angeklagten und ihre Fürsprecher in Trauerkleidung zu erscheinen. Die genannten Personen sind nicht näher bekannt; Cicero stellt sie als Caesarianer hin. Zu Brocchus vgl. c. 11.

20 Vermutlich im Jahr 56, als Cicero im Senat zusätzliche Soldzahlungen für Caesars Legionen in Gallien befürwortete und Titus Ligarius, der als Stadtquästor Zugang zur Staatskasse hatte, für eine rasche Auszahlung sorgte.

21 48 v. Chr. öffnete Caesar gewaltsam die Staatskasse, da die Quästoren unter Führung des Volkstribuns Lucius Metellus sich geweigert hatten, ihm Gelder zur Verfügung zu stellen.

22 Gemeint ist M. Marcellus.

1 Ehrentitel der siegreichen Feldherrn. Cicero hatte ihn während seiner Statthalterschaft in Kilikien erworben.

2 Gemeint sind die Konsuln und Senatoren, die durch ihre harte Haltung im Januar 49 für den endgültigen Abbruch der Verhandlungen verantwortlich waren, wie C. Claudius Marcellus und L. Cornelius Lentulus Crus, Q. Caecilius Metellus Pius Scipio und M. Porcius Cato der Jüngere. Vgl. bell. civ. 1,1–5. Cicero stellt sich hier wieder auf Caesars Standpunkt, vgl. »Rede für Ligarius«, c. 18.

3 48/47 besiegte Caesar in Ägypten die Pompeianer. In Alexandria belagerte die Bevölkerung, erbittert durch Caesars Parteinahme für Kleopatra und gegen ihren Bruder, die Römer mehrere Monate, bis Caesar auf dem Seeweg Verstärkung erhielt und Alexandria einnehmen konnte (März 47).

4 Cn. Domitius Calvinus, nach der Schlacht von Pharsalos Caesars Oberbefehlshaber in Kleinasien. Er führte, von Deiotarus unterstützt, Krieg gegen den kleinasiatischen König Pharnakes II., der die Kriegswirren ausnutzte, um sein Reich zu vergrößern. Erst Caesar gelang der endgültige Sieg über Pharnakes bei Zela (47 v. Chr., seine Siegesbotschaft: *Veni, vidi, vici*; vgl. Suet., Caes. 37).

5 Castor, Sohn einer Tochter des Deiotarus, der mit seinem Vater, vielleicht auch mit anderen Fürsten, die Anklage gegen den König ins Werk gesetzt hatte.

6 Cicero meint Attalos III. von Pergamon, der 133 v. Chr. sein Reich testamentarisch den Römern vermacht hatte. Nach Livius (Perioch. 57) war es der Seleukidenherrscher Antiochos VII. Sidetes, der dem Scipio Aemilianus Africanus minor die Geschenke als Unterstützung im Numantinischen Krieg sandte (134/133 v. Chr.).

7 Ein in der Nähe der königlichen Residenz gelegenes befestigtes Schloss. Für die beiden Orte werden die Namen Blucium und Peion überliefert (Strab. 12,5,2).

8 Eine damals übliche Verdauungserleichterung, die Caesar benutzte, da das vorausgegangene Galadiner im Gegensatz zu seinen äußerst mäßigen Essgewohnheiten gestanden hatte.

9 Hinweis darauf, dass Deiotarus den größten Teil seiner Truppen im Verlauf des Bürgerkriegs eingebüßt habe, auch ein versteckter Vorwurf gegen Caesar, er habe Deiotarus nicht genügend Machtmittel gelassen, um seine und damit die Grenzen des römischen Reiches zu verteidigen.

10 Q. Caecilius Bassus, römischer Ritter, im Bürgerkrieg auf der Seite des Pompeius, leistete Caesar nach seinem Sieg in der Schlacht von Pharsalos weiterhin Widerstand und zog Truppen in Syrien zusammen. Vgl. Cic., Phil. 11,32.

11 Nach den Kämpfen in Alexandria schlug Caesar die Heere der Pompeianer unter Q. Caecilius Metellus Pius Scipio und M. Porcius Cato dem Jüngeren, denen König Juba zur Seite stand, bei Thapsos und Utica; vgl. Plut., Caes. 52 ff. Der Ausgang der Kämpfe war lange ungewiss, und man hatte auch in Rom keine Nachrichten; vgl. Cic., Brut. 10.

12 Die Herkunft des Verses ist unbekannt.

13 Vor allem als Steuerpächter. Mit Asien ist immer Kleinasien gemeint, vor allem die römische Provinz Asia, der Westteil Kleinasiens.

14 Der zuerst erwähnte Domitius war Cn. Domitius Ahenobarbus, 96 v. Chr. Konsul; er hatte M. Aemilius Scaurus wegen einer Verletzung religiöser Pflichten vor die Volksversammlung geladen, vielleicht auch aus persönlichen Gründen, weil er von Domitius nicht für das Augurenkollegium nominiert worden war. Umso mehr ist also sein Verhalten anzuerkennen. Der hier anwesende

Domitius ist wohl nicht mit dem in c. 14 genannten identisch.

15 Servius Sulpicius Rufus, berühmter Rechtsgelehrter, Konsul 51 v. Chr., mit Cicero befreundet, vgl. seinen Brief an ihn Cic., ad fam. 4,5, und Ciceros neunte Philippische Rede. Der genannte Titus Torquatus ist nicht näher bekannt.

16 Er gehörte zu der Delegation, die Deiotarus zu seiner Entlastung nach Rom geschickt hatte.

17 Cicero meint: Caesars Bildsäule auf den *rostra*, der Rednerbühne, steht noch viel exponierter, erregt aber gar keinen Anstoß. Freilich wusste er ebenso wie Caesar, dass die Aufstellung einer Statue Caesars neben denen der römischen Könige deshalb Anstoß erregt hatte, weil sie auf Caesars monarchische Pläne zu deuten schien.

18 Antiochos III. (223–187 v. Chr.), Herrscher des Seleukidenreiches, geriet bei seinem Übergreifen auf die griechischen Städte Kleinasiens in Konflikt mit den Römern, wurde 190 von Lucius Scipio Asiaticus bei Magnesia besiegt und musste Gebietseinbußen hinnehmen.

19 D. h. von Sulla, Murena, Lucullus, Pompeius, Bibulus, Servilius Isauricus, Cicero, Caesar. Vgl. Cic., Phil. 11,33 f., wo Deiotarus als treuer Bundesgenosse gewürdigt wird, sowie De div. 1,27; 2,78 f.

20 Stadt in Spanien, heute Tarragona. Caesar schrieb den Brief wohl 46 v. Chr., während er in Spanien gegen die Pompeianer unter Sextus Pompeius kämpfte.

21 Deiotarus und seinen Sohn.

Zeittafel

57   4. September: Ciceros Rückkehr nach Rom.

56   Ciceros Rede für Sestius: politisches Programm eines Zusammenschlusses gegen autokratische Tendenzen. Erneuerung des Triumvirats zwischen Caesar, Pompeius und Crassus auf der Konferenz von Lucca.

55   Pompeius und Crassus Konsuln.

53   Niederlage und Tod des Crassus in der Schlacht von Carrhae gegen die Parther. Beginnende Entfremdung zwischen Pompeius und Caesar.

51   Cicero Statthalter (Prokonsul) in Kilikien, kriegerische Erfolge, Ausrufung zum Imperator, militärische Hilfe von König Deiotarus. Herausgabe von *De re publica* – »Vom Staat«.

50/49   Verhandlungen über Caesars Ablösung in Gallien. Zuspitzung des Konflikts zwischen Caesar und dem Senat. Vergebliche Vermittlungsversuche Ciceros, Abbruch der Verhandlungen.

49   7. Januar: Senatssitzung mit Beschluss des *senatus consultum ultimum* (Ausnahmezustand). Pompeius wird zum Oberkommandierenden ernannt.
10./11. Januar: Caesar überschreitet den Rubikon und besetzt italische Städte. Beginn des Bürgerkriegs.
Pompeius verlässt mit den Truppen Italien und geht nach Griechenland.
7. Juni: Cicero begibt sich ins Lager des Pompeius.

48   9. August: Caesar besiegt Pompeius in der Schlacht von Pharsalos. Pompeius wird in Ägypten ermordet.
Oktober: Cicero wartet in Brundisium auf die Begnadigung durch Caesar. Marcellus im Exil auf Lesbos.

48–47   Alexandrinischer Krieg: Caesar in Alexandria belagert.

47	Caesar in Kleinasien, besiegt König Pharnakes bei Zela, König Deiotarus auf seiner Seite. Caesar trifft Neuordnungsmaßnahmen, bei denen Deiotarus große Gebietseinbußen erleidet, der Königstitel verbleibt ihm und seinem Sohn. 25. September: Begnadigung Ciceros, der nach Rom zurückkehrt.
46	Caesar besiegt bei Thapsos in Afrika die Pompeianer. Catos Freitod in Utica, Ligarius ergibt sich, erhält Verbot, Italien zu betreten. Caesar wird in Rom Diktator für zehn Jahre. Triumphe Caesars. Herbst 46: Ciceros Reden für M. Claudius Marcellus und Q. Ligarius.
45	Caesar besiegt in Spanien bei Munda die Söhne des Pompeius und die noch übrigen Pompeianer. Ende 45: Diktatur auf Lebenszeit. November (?): Rede Ciceros für König Deiotarus.
44	15. März: Ermordung Caesars. Erneuter Bürgerkrieg. Cicero als Führer der Senatspartei im Kampf gegen M. Antonius. 14 Philippische Reden. Bündnis des Caesar-Erben C. Octavian mit dem Senat.
43	21. April: Sieg der Konsuln Hirtius und Pansa und des Octavian über Antonius bei Mutina. Tod der Konsuln. Octavians Marsch auf Rom und sein Konsulat. Ende Oktober: Triumvirat zwischen Antonius, Octavian und Lepidus. Militärdiktatur, Proskriptionen. 7. Dezember: Cicero als Opfer der Proskriptionen ermordet.
42	Niederlage und Tod der Caesar-Mörder Brutus und Cassius bei Philippi.
31	2. September: Sieg des Octavian bei Actium über M. Antonius. Beendigung des Bürgerkriegs. Octavian-Augustus Alleinherrscher.

Literaturhinweise

Der Übersetzung liegt die Oxford-Ausgabe: *M. Tulli Ciceronis Orationes II*, rec. A. C. Clark, London: Oxford University Press, 1956, zugrunde.

Weitere Ausgaben

Fuhrmann, M.: Cicero. Die Prozeßreden. Lat./Dt. Hrsg., übers. und erl. Bd. 2. Düsseldorf/Zürich 1997.
– Marcus Tullius Cicero. Sämtliche Reden. Eingel., übers. und erl. Bd. 7: Für Marcellus. Für Ligarius. Für den König Deiotarus. Die Philippischen Reden. Zürich/München 1982.
Gotoff, H. C.: Cicero's Caesarian Speeches. A Stilistic Commentary. Chapel Hill / London 1993. [Einleitung, Text und Kommentar zu Pro Marc., Pro Lig., Pro Deiot.]

K. Halm / G. Laubmann: Cicero. Ausgewählte Reden. Bd. 5. Berlin [10]1899.
M. Ruch: M. T. Ciceronis Pro Marcello oratio. Paris 1965.
A. Guaglianone: M. Tullio Cicerone, Orazione Pro Marcello. Neapel 1972.

V. Bolzan: M. Tullio Cicerone, Orazione Pro Ligario. Florenz 1955.
N. Zink: Rhetorik – Beredsamkeit: Cicero pro Ligario. Einl., Übers., Komm. Frankfurt a. M. [u. a.] 1983. (Schule und Forschung: Altsprachl. Abteilung.)

A. Palladino: Cicerone. Orazione Pro rege Deiotaro. Florenz 1958.
H.-J. Glücklich: Cicero. Rede für König Deiotarus. [Text] Göttingen 1988. (Exempla. 11.)
– Ciceros Rede für König Deiotarus. Einl. und Gesamtkommentar. Göttingen 1988. (Consilia. 11.)

Bibliographie

D. Gerstmann: Lateinische Autoren: Sekundärliteratur. Werkausgaben. Kommentare und Übersetzungen. Paderborn 1997.

Weiterführende Literatur

Zu Cicero, Caesar und zur Zeitgeschichte

Bleicken, J.: Geschichte der Römischen Republik. München/Wien ⁴1992. [Mit Forschungsüberblick.]
– Die Verfassung der römischen Republik. Paderborn ⁵1989.
Boissier, G.: Cicero und seine Freunde. Leipzig 1869.
Bringmann, K.: Untersuchungen zum späten Cicero. Göttingen 1971.
– Römische Geschichte von den Anfängen bis zur Spätantike. München ³1997.
Bruhns, H.: Caesar und die römische Oberschicht in den Jahren 49–44 v. Chr. Göttingen 1978. (Hypomnemata. 53.)
Büchner, K.: Cicero. Bestand und Wandel seiner geistigen Welt. Heidelberg 1964.
Christ, K.: Krise und Untergang der römischen Republik. Darmstadt 1979. ³1993.
– Römische Geschichte. Einführung, Quellenkunde, Bibliographie. Darmstadt 1973. ⁵1994.
– Der Untergang der römischen Republik in moderner Sicht. In: Römische Geschichte und Wissenschaftsgeschichte. Bd. 1. Darmstadt 1982. S. 134–167.
– Neue Forschungen zur Geschichte der späten Römischen Republik und den Anfängen des Principats. In: Gymnasium 94 (1987) S. 307–340.
Classen, C. J.: Recht – Rhetorik – Politik. Untersuchungen zu Ciceros rhetorischer Strategie. Darmstadt 1985.

Dahlheim, W.: Julius Cäsar. Die Ehre des Kriegers und der Untergang der römischen Republik. München 1987.

Dahlmann, H.: Clementia Caesaris. In: D. Rasmussen (Hrsg.): Caesar. Darmstadt 1967. S. 32–47. (Wege der Forschung. 43.)

– Cicero, Caesar und der Untergang der *libera res publica*. In: Gymnasium 75 (1968) S. 337–355. Wiederabgedr. in: Kleine Schriften. Hildesheim / New York 1970. S. 147–165.

Fuhrmann, M.: Cicero und die römische Republik. Düsseldorf/Zürich ⁴1997.

Gelzer, M.: Pompeius. München ²1959. Wiesbaden 1983.

– Caesar, der Politiker und Staatsmann. Wiesbaden ⁶1960.

– Cicero und Caesar. Wiesbaden 1968. (SB Wiss. Ges. J. W. Goethe-Universität Frankfurt a. M. 7,1.)

– Cicero. Ein biographischer Versuch. Wiesbaden 1969.

Gesche, H.: Caesar. Darmstadt 1976. (Erträge der Forschung. 51.)

Giebel, M.: Cicero. Reinbek 1977. ¹²1998. (rowohlts monographien. 261.)

Grimal, P.: Cicero. Philosoph, Politiker, Rhetor. München 1988.

Habicht, Chr.: Cicero der Politiker. München 1990.

Hoben, W.: Untersuchungen zur Stellung kleinasiatischer Dynasten in den Machtkämpfen der ausgehenden römischen Republik. Diss. Mainz 1969.

Jehne, M.: Der Staat des Dictators Caesar. Köln/Wien 1987.

– Caesar. München 1997.

– Caesars Bemühungen um die Reintegration der Pompeianer. In: Chiron 17 (1987) S. 313–341.

König, I.: Der römische Staat. Tl. 1: Die Republik. Stuttgart 1992.

Kroymann, J.: Cicero und Sallust über den Neubau des Staates unter Caesars Diktatur. In: Silvae. FS für Ernst Zinn. Hrsg. von M. von Albrecht und E. Heck. Tübingen 1970. S. 107–124.

Lehmann, G. A.: Politische Reformvorschläge in der Krise der späten römischen Republik. Meisenheim 1980.

Magie, D.: Roman rule in Asia minor. 2 Bde. Princeton (N. J.) 1950.

Meier, Chr.: Res publica amissa. Eine Studie zu Verfassung und Geschichte der späten römischen Republik. Frankfurt a. M. ²1980.

– Die Ohnmacht des allmächtigen Dictators Caesar. Drei biographische Skizzen. Frankfurt a. M. 1980.

– Caesar. Berlin 1982. München ³1993.

Meyer, E.: Caesars Monarchie und das Principat des Pompejus. Stuttgart ³1922. Nachdr. Darmstadt 1963.

Mitchell, Th. N.: Cicero. The Senior Statesman. New Haven / London 1991.

Neumeister, Chr.: Grundsätze der forensischen Rhetorik, gezeigt an Gerichtsreden Ciceros. München 1964. [Zur Rede für Ligarius S. 46–56.]

Oppermann, H.: Caesar. Reinbek 1968. ¹⁶1997. (rowohlts monographien. 135.)

Plasberg, O.: Cicero in seinen Reden und Briefen. Leipzig 1926. Nachdr. Darmstadt 1962.

Raaflaub, K.: Dignitatis contentio. Studien zur Motivation und politischen Taktik im Bürgerkrieg zwischen Caesar und Pompeius. Göttingen 1974. (Vestigia. 20.)

Richter, W.: Caesar als Darsteller seiner Taten. Heidelberg 1977.

Seager, R.: Pompey. Oxford 1979.

Seel, O.: Cicero. Wort. Staat. Welt. Stuttgart ²1961. [Zu den Reden vor Caesar S. 338–354.]

Strasburger, H.: Caesar im Urteil seiner Zeitgenossen. Darmstadt ²1968.

– Ciceros philosophisches Spätwerk als Aufruf gegen die Herrschaft Caesars. Hildesheim 1990. (Spudasmata. 45.) Wiederabgedr. in: H. St.: Studien zur alten Geschichte. Bd. 3. Hildesheim 1990. S. 407–498.

Stroh, W.: Taxis und Taktik. Die advokatische Dispositions-kunst in Ciceros Gerichtsreden. Stuttgart 1975.

– Worauf beruht die Wirkung ciceronischer Reden? In: Rede und Rhetorik im Lateinunterricht. Auxilia 26 (1990) S. 5–37.

Syme, R.: The Roman Revolution. Oxford ²1952. – Dt.: Die römische Revolution. Übers. von F. W. Eschweiler und H. G. Degen. Hrsg. von W. Dahlheim. München 1992.

Wassmann, W.: Ciceros Widerstand gegen Caesars Tyran-nis. Untersuchungen zur politischen Bedeutung der phi-losophischen Spätschriften. Bonn 1996. (Alte Geschichte. 43.)

Welwei, K.-W.: Der Prinzipat des Augustus und die Fik-tion der historischen Notwendigkeit. In: Gymnasium 103 (1996) S. 477–497.

Will, W.: Julius Caesar. Eine Bilanz. Stuttgart 1992. (Urban Tabü. 448.)

Willrich, H.: Cicero und Caesar. Zwischen Senatsherrschaft und Gottkönigtum. Göttingen 1944. [Zu den Reden vor Caesar S. 202–225.]

Yavetz, Z.: Caesar in der öffentlichen Meinung. Düsseldorf 1979.

Zu den Reden vor Caesar

Albrecht, M. von: Ciceros Rede für Marcellus. Epideik-tische und nicht-epideiktische Elemente. In: P. Neukam (Hrsg.): Die Antike in literarischen Zeugnissen. München 1988. (Dialog Schule – Wissenschaft. 22.) S. 7–16.

Bockisch, G.: Caesar – Gott und Philosophenkönig. Gedan-ken zu Cicero, *Pro Marcello*. In: Der altsprachliche Un-terricht 37,6 (1994) S. 39–44.

Botermann, H.: Die Generalabrechnung mit dem Tyrannen. Ciceros Rede für den König Deiotarus. In: Gymnasium 99 (1992) S. 320–344.

Bringmann, K.: Der Diktator Caesar als Richter? Zu Cice-

ros Reden *Pro Ligario* und *Pro rege Deiotaro*. In: Hermes
114 (1986) S. 72–88.

Craig, C. P.: The central argument of Cicero's speech for Ligarius. In: Classical Journal 79 (1984) S. 193–199.

Dyer, R. R.: Rhetoric and Intention in Cicero's Pro Marcello. In: Journal of Roman Studies 80 (1990) S. 17–30.

Greiner, E.: Historisch-antiquarischer Kommentar zu Ciceros Reden *Pro Ligario* und *Pro rege Deiotaro*. Diss. Wien
1951.

Kumaniecki, K.: Der Prozeß des Ligarius. In: Hermes 95
(1967) S. 434–457.

Olshausen, E.: Die Zielsetzung der Deiotariana Ciceros. In:
Monumentum Chiloniense. FS E. Burck. Hrsg. von
E. Lefèvre. Amsterdam 1975. S. 109–123.

Ries, W.: Ciceros Rede *Pro rege Deiotaro*. Ein Vorschlag zur
Lektüre. In: Anregung 22 (1976) S. 300–306.

Walser, G.: Der Prozeß gegen Q. Ligarius im Jahre 46
v. Chr. In: Historia 8 (1959) S. 90–96.

Zink, N.: Orator perfectus. Ciceroreden (am Beispiel der
Ligariana) und die rhetorische Theorie. In: Der altsprachliche Unterricht 11,4 (1968) S. 25–46.

Nachwort

Die drei Reden, die Cicero vor Caesar, dem Sieger im römischen Bürgerkrieg, hielt, haben über den jeweiligen Anlass hinaus ein gemeinsames Thema. Wie sollen nach einem beendeten Krieg, einer politischen Wende, die einstmals gegnerischen Parteien miteinander umgehen? Verfolgen die Sieger ihre Feinde weiterhin, ziehen sie vor Gericht, bestrafen und verbannen sie? Gewährt der Überlegene Verzeihung – wie tut er es ohne Demütigung, die neuen Groll hervorruft? Wie weit und wie lange darf eine solche »Vergangenheitsbewältigung« gehen, ohne dass die Möglichkeit eines Neuanfangs – als Voraussetzung einer gemeinsamen Zukunft im Staat – nachhaltig gefährdet ist? Diese Fragen stellten sich in Rom umso dringender, da es sich um einen Bürgerkrieg gehandelt hatte, bei dem die Parteinahme meist nicht aus freiem Entschluss, sondern aufgrund der Zugehörigkeit zu familiären oder sozialen Bindungen erfolgt war.

Die römische Republik war in der Mitte des 1. Jahrhunderts v. Chr. von Auflösungstendenzen geprägt, von Krisen geschüttelt, doch es war Caesar gewesen, der ihr mit seinem Machtstreben den entscheidenden Stoß versetzt hatte. Wegen der Eigenmächtigkeiten seiner Amtsführung in Gallien, einschließlich Völkerrechtsverletzungen, drohte dem Prokonsul Caesar eine Anklage vor Gericht, wenn er nach Ablauf seiner Statthalterschaft die Immunität verlor und wieder zum Privatmann wurde. Caesar wusste, dass seine politischen Gegner, unter ihnen sein ehemaliger Partner Pompeius, auf diesen Moment warteten und dass eine Verurteilung das Ende seiner Karriere bedeuten könnte. So suchte er mit allen Mitteln eine amtlose Zeit zu vermeiden und wollte es erreichen, dass er sich in Abwesenheit, schon von Gallien aus, um das Konsulat für das Jahr 48 bewerben könne. Die Verhandlungen Caesars mit dem Senat waren von gegenseitigem Misstrauen geprägt, die Fronten verhär-

teten sich immer mehr, ultimative Forderungen wurden gestellt, die beiderseits unannehmbar waren, und so überschritt Caesar, anstatt weisungsgemäß sein Heer aufzulö-
sen, den Rubikon, den Grenzfluss der Provinz Oberitalien
(Gallia cisalpina), und marschierte ins römische Gebiet
ein. In Rom wurde auf den Notstandsbeschluss hin (*senatus consultum ultimum*) die Mobilmachung angeordnet;
man übertrug Pompeius den Oberbefehl im Krieg gegen
Caesar. Pompeius aber räumte Italien und zog nach Griechenland, begleitet von den meisten Senatoren, die sich
plötzlich als Kriegspartei sahen. Auf ihrer Seite stand auch
Cicero, dessen Vermittlungsbemühungen vergeblich gewesen waren.

Bei Pharsalos in Thessalien wurde die Entscheidungs-
schlacht geschlagen. Der Sieger Caesar soll auf dem
Schlachtfeld angesichts der Toten gesagt haben: »Sie haben's
so gewollt. Nach allen meinen großen Taten wäre ich, Gaius
Caesar, verurteilt worden, wenn ich nicht bei meinem Heer
Hilfe gesucht hätte« (Suet., Caes. 30).

Pompeius wurde in Ägypten ermordet, Caesar besiegte
die Heere der Pompeianer in weiteren Schlachten; als un-
umschränkter Machthaber kehrte er nach Rom zurück und
feierte seine Triumphe. Und ihn holte die Erkenntnis ein,
die auch einem Alexander dem Großen nicht erspart geblieben war: Es erscheint leichter, ein Weltreich zu erobern als
es angemessen und dauerhaft zu verwalten. Caesar hatte
eine »Friedensstrategie«: Er spricht selbst von einer neuen
Art zu siegen, *nova ratio vincendi*, durch *misericordia* und
liberalitas, Barmherzigkeit und Großmut (Brief Caesars bei
Cic., Att. 9,7 C). Caesar verzieh vielen seiner Gegner, ließ
sie unbeschadet, auch wenn sie ins frühere Lager zurück-
kehrten. Seine Milde, *clementia*, machte Eindruck und ge-
wann ihm Anhänger. Mit einer großzügigen Amnestiepoli-
tik gedachte er seine Stellung zu festigen, einen Konsens in
der Bürgerschaft zu erreichen, um die nötigen Konsolidie-
rungsmaßnahmen einzuleiten.

Cicero gehörte zu den Amnestierten; er lebte zurückgezogen auf seinen Landsitzen und verfasste seine rhetorischen und philosophischen Werke. Er wollte auf diese Weise weiterhin das tun, was er als seine Aufgabe ansah, nämlich für die *res publica* zu wirken. Doch wollte er sich auch einer politischen Aufgabe nicht versagen, wenn sie sich mit seinen Überzeugungen in Einklang bringen ließ. Er konnte die unumschränkte Machtstellung des Diktators Caesar nicht als endgültig ansehen. Die Diktatur war bei den Vorfahren ein zeitlich begrenztes Amt zur Durchführung bestimmter zwingender Maßnahmen gewesen, das ihr Inhaber dann wieder niederlegte. Selbst Sulla hatte dies getan. Doch wie würde sich Caesar in das Gemeinwesen einordnen? Er hatte gesagt, die *res publica*, der Staat in seiner bisherigen Form, sei in seinen Augen ein Nichts, ein bloßer Name ohne Körper und Gestalt. Und über Sulla hatte er sich abfällig geäußert: Ein politischer Analphabet sei er gewesen, da er freiwillig die Macht niedergelegt habe (Suet., Caes. 70). Dennoch galt es, meinte Cicero, auf ihn einzuwirken, ihn auf seine Versöhnungsstrategie festzulegen, ihn einzuordnen in die Reihen der großen Männer Roms, die trotz militärischer Siege und politischer Erfolge im Rahmen der *res publica*, der gemeinsamen Sache, geblieben waren und sie nicht zur *res privata*, zum Privateigentum, gemacht hatten. Zugleich konnte, wenn sich der Kreis der Amnestierten vergrößerte, ein Gegengewicht geschaffen werden zu Caesars Anhängern, unter denen es viele gab, die eher ihren eigenen Vorteil als ein Weiterbestehen des römischen Staatswesens im Sinne hatten. Zudem waren nicht wenige von ihnen mit der Versöhnungsstrategie ihres Feldherrn keineswegs einverstanden: Ehemalige Feinde sollten ihrer Meinung nach im Status der Besiegten verbleiben.

Ein entschiedener Gegner Caesars war Marcus Claudius Marcellus gewesen, der als Konsul 51 v. Chr. für die Abberufung Caesars aus Gallien eingetreten war. Nach der Niederlage von Pharsalos lebte er im Exil auf Lesbos. Seine An-

gehörigen und Freunde baten bei Caesar für seine Rückberufung, unterstützt vom gesamten Senat, während sich ein
Vetter des Marcellus Caesar zu Füßen warf und ihn instän-
dig anflehte. Caesar gewährte, trotz einiger Bedenken, Verzeihung und Rückkehr. Für Cicero war dies ein Silberstreif
am Horizont; er glaubte, einen Schimmer der wieder aufle-
benden *res publica* zu sehen. So brach er sein bisher gewahr-
tes Schweigen und hielt vor Caesar eine Dankrede im Senat
(vgl. Cic., ad fam. 4,4,3 f.).

Die Rede für Marcellus im September 46 ist voller Lob-
und Dankeshymnen, die in ihrer bewussten Übersteigerung
jedoch eher Forderungen und Beschwörungen sind: Pan-
egyrik als Protreptik. Die einzigartigen Kriegstaten Caesars
müssen zurücktreten gegenüber seinem Sieg über sich
selbst, der Tat der Milde am heutigen Tag. Und er hat nicht
nur den einen Marcellus begnadigt, sondern damit deutlich
zu verstehen gegeben, dass wir alle, sagt Cicero, die wir auf
der Gegenseite standen, keine Schuld auf uns geladen haben. Ein Irrtum, ein schicksalhaftes Verhängnis war diese
unsere Parteinahme, aus Verpflichtung haben wir uns Pompeius angeschlossen, und so kommt deine Milde keinen
Staatsfeinden zugute. Aber Caesars Werk ist noch lange
nicht abgeschlossen, ja er hat noch nicht einmal ein dauer-
haftes Fundament gelegt: Alles, was durch den Krieg zerstört und in Mitleidenschaft gezogen worden ist, muss Caesar wieder aufrichten und erneuern: »Du ganz allein musst
es«, sagt Cicero, das ergibt sich für ihn aus Caesars unum-
schränkter Machtstellung: Dienst an Staat und Bürgerschaft.
Die konkreten Forderungen des politisch-sozialen Wieder-
aufbaus (23) decken sich vielfach mit denen Sallusts in dessen Sendschreiben an Caesar.*

Auf den Ton verpflichtenden Lobes ist auch die zweite
der Reden vor Caesar gestimmt, die Cicero im Herbst 46 in

---

* Vgl. Sallust, *Zwei politische Briefe an Caesar*, Lat./Dt., hrsg. von Karl Büchner, Stuttgart 1974 [u. ö.] (Reclams Universal-Bibliothek, 7436).

einem Gerichtsprozess für den ehemaligen Pompeianer Quintus Ligarius hielt, der im Exil lebte. Der Prozess fand auf dem Forum statt; Caesar war als Diktator der Richter. Der Ankläger ist Quintus Aelius Tubero, hinter dem sein Vater Lucius steht. Ligarius war als komissarischer Statthalter Afrikas vom Ausbruch des Bürgerkriegs überrascht worden. Die Provinz war von einem Pompeianer, Publius Attius Varus, unter Kriegsrecht übernommen worden, und als im Frühjahr 49 der vom Senat ernannte neue Statthalter Tubero (der Vater) ankam, wurde ihm von Varus und Ligarius die Landung verwehrt; er wandte sich mit seinem Sohn nach Griechenland zu Pompeius. Beide nahmen an der Schlacht von Pharsalos teil und wurden dann von Caesar begnadigt. Afrika aber wurde zum heiß umkämpften Kriegsschauplatz; auf Seiten der Pompeianer unter Scipio und Cato stand der Numiderkönig Juba, der Caesars Truppen eine schwere Niederlage beibrachte. Caesar konnte bei Thapsos unter großen Anstrengungen den Sieg erringen; er ließ Juba zum Staatsfeind erklären. Und ebendies nehmen die Tuberones nun zum Anklagepunkt gegen Ligarius: er habe Hochverrat verübt, *perduellio*, ein todeswürdiges Verbrechen, indem er zusammen mit Juba kämpfte. Wir wissen von dieser Anklage durch Quintilian, der in seinem Kompendium über die Redekunst oft Stellen aus der Ligariusrede zitiert (vgl. 11,1,80). Zu diesem Punkt der Anklage hat offenbar der zweite Verteidiger Pansa bereits ausgiebig Stellung genommen. Cicero prangert die paradoxe Situation an, dass hier ein Kriegsteilnehmer den anderen beschuldigt, obwohl beide auf der gleichen Seite standen. Wie in der Marcellusrede, aber mit noch größerem Nachdruck, fordert Cicero, es müsse endlich Schluss sein mit der Diffamierung der ehemaligen politischen Gegner. Von einem Verbrechen der Besiegten kann keine Rede sein – mögen immerhin Parteileidenschaft und Erfolgsaussichten eine Rolle gespielt haben, »von der Anklage eines Verbrechens, der Raserei, des Mordes am Vaterland aber soll der tote Gnaeus Pompeius,

sollen die vielen anderen frei sein!« (18) Vielleicht hat diese nachdrückliche Namensnennung des einstigen Freundes, Verwandten und politischen Kampfgefährten Caesar so bewegt, dass er rot und blass wurde und die Prozessakten seinen Händen entglitten, obwohl er vorher gesagt hatte: »Was hindert uns, einmal wieder Cicero reden zu hören, da es doch bereits feststeht, dass Ligarius ein Verbrecher und Feind ist?« (Plut., Cic. 39) Hatte Caesar also mit Hilfe der Tuberones einen »Schauprozess« inszenieren wollen, mit einer Verurteilung des Angeklagten und mit abschreckender Wirkung auf die Pompeianer, die noch gerüstet in Spanien standen? (Es war noch vor der Schlacht von Munda.) Oder ist Plutarchs Anekdote erfunden, und Caesar wollte den Freispruch – hierfür spräche die Mitwirkung seines Anhängers Pansa – um ein weiteres leuchtendes Beispiel seiner *clementia* zu zeigen, als Vermittlungsangebot für die Pompeianer in Spanien? Auf jeden Fall demonstrierte er öffentlich seine richterliche Vollmacht, die ihm seine Stellung als Diktator bot.

Cicero lenkt seine Rede in die Form einer *deprecatio*, einer Fürbitte, wie sie die forensische Rhetorik im Falle eines geständigen Angeklagten vorsieht, der nicht aus niedrigen Motiven gehandelt hat (Rhet. ad Her. 2,25 f.; Quint. 5,13,5). Er empfiehlt Ligarius, für dessen Rückberufung er selbst und die Angehörigen schon Bittgänge bei Caesar unternommen haben (vgl. Cic., ad fam. 6,13; 14), der *clementia Caesaris*, die er zu einer politischen Institution erhebt. Wenn es bei Caesars hoher Stellung, das heißt bei seinem autokratischen Regieren, nicht seine große Milde gäbe, »dann würde dieser Sieg überströmen von bitterstem Weh« (15). Versöhnungsbereitschaft, Integration, Wille zur Zusammenarbeit mit allen Kreisen Roms, all das muss Caesar mit seiner Milde leisten. Nur so wird eine Neuordnung des Staates, ein Neuanfang gelingen. Cicero appelliert nicht nur an Caesar, sondern auch an die Caesarianer, die ihren Einfluss und ihre Positionen durch allzu viele amnestierte

Rückkehrer bedroht sahen, und er wendet sich auch an die ehemaligen Pompeianer. Sie hörten sein überschwengliches Lob der *clementia* Caesars mit gemischten Gefühlen. *Clementia* war keine Bürgertugend, sie wurde von siegreichen römischen Feldherrn gegenüber fremden Völkern geübt. Kniefällig, in den Staub gebückt, nahmen ihre besiegten Führer den Gnadenerweis an, wie auf Reliefs zu sehen. Caesar degradierte seine Mitbürger, indem er sie begnadigte – Cato hatte dies deutlich ausgesprochen und mit seinem Freitod in Utica besiegelt (Plut., Cat. min. 66). Ligarius dachte ebenso; er kehrte freigesprochen und begnadigt nach Rom zurück und befand sich kurze Zeit später unter Caesars Mördern. »Denn er fühlte weniger Dankbarkeit für die bewiesene Milde als Bedrückung durch die Macht, die ihn zwang, sie anzunehmen« (Plut., Brut. 11).

Ende 45 sah Cicero alle seine Hoffnungen auf eine Wiederherstellung der alten Staatsordnung bitter enttäuscht. Caesars Triumphe über die eigenen Mitbürger hatten Trauer und tiefe Betroffenheit ausgelöst. Er nahm das Amt des Diktators auf Lebenszeit an, Ehrungen aller Art erhoben ihn in eine gottähnliche Sphäre, mit Hilfe seiner Kabinettsregierung setzte er eine Fülle von Maßnahmen ins Werk, wobei er die römischen Institutionen gröblich missachtete. Ungeduldig und gereizt reagierte er auf Kritik, ausgesprochene oder implizit gegebene, wie anlässlich einer Lobschrift Ciceros auf den unbeugsamen Vorkämpfer der Republik, Cato. Caesar verfasste einen *Anticato*, ein Pamphlet voller Beschimpfungen des Toten, und erklärte, die Menschen müssten nun respektvoller mit ihm reden und sein Wort als Gesetz hinnehmen. Appelle zur Wiederherstellung der Republik waren unerwünscht, Caesar wollte sich nicht in die Reihe der selbstlosen Staatsmänner der Vorzeit, der *rectores et conservatores rei publicae*, einordnen, wie Cicero es ihm nahegelegt hatte. Der Imperator plante einen großangelegten Feldzug gegen den alten Erbfeind im Osten, die Parther. Wenn er sieggekrönt wie ein

zweiter Alexander zurückkehrte, würden die unverbesser-
lichen Republikaner wohl endgültig verstummen.

In dieser Atmosphäre einer zunehmenden Entfremdung
hielt Cicero seine letzte Rede vor Caesar, mit der er, wohl
im November 45, zur Verteidigung eines kleinasiatischen
Königs auftrat – nicht auf dem Forum, sondern in Caesars
Haus, vor Caesar als Richter und als Betroffenem. Denn
König Deiotarus, der auf Pompeius' Seite gekämpft hatte,
war angeklagt, er habe Caesar ermorden lassen wollen und
verhalte sich als Staatsfeind. Die Anklage wird vorgebracht
vom Enkel des Königs, Castor, als Belastungszeuge tritt ein
Sklave des Königs auf. Gründe genug für Cicero, das Bedenkliche des gesamten Verfahrens hervorzuheben: Hinter
verschlossenen Türen findet dieser Prozess statt, vor einem
Richter in eigener Sache, mit Anklägern, die in einem nor-
malen Strafprozess nicht geduldet wären: Familienmitglie-
der sollen einander nicht beschuldigen, und Sklaven dürfen
nicht gegen ihre Herren aussagen. Zudem ist es noch nie
vorgekommen, dass in Rom ein König in absentia auf Leib
und Leben verklagt wurde. Nicht nur Lampenfieber, sondern regelrechte Furcht, *timor*, hat Cicero, und nur Caesars
einzigartige Persönlichkeit bietet ihm die Gewähr für einen
Erfolg. Wieder appelliert er an die *clementia*, aber auch an
fides und *constantia* (8): Caesar soll bei seiner Haltung
bleiben, die er Deiotarus gegenüber gezeigt hat, als er ihm
Verzeihung gewährte. Wie im Prozess des Ligarius lehnt
Cicero es ab, dass ehemalige Pompeianer immer noch für
ihre Parteinahme büßen sollen, die auch im Falle des Königs keine freie Entscheidung war. Zudem hat Deiotarus
durch Caesars Anordnungen schwere Einbußen hinnehmen müssen.

Er hat aber Verzeihung erhalten, und dies muss für ihn
wie für alle anderen gültig bleiben, wenn nicht diese einzigartige politische Institution, Caesars *clementia* als Er-
satzfunktion einer Rechtsordnung, ins Wanken geraten soll.
Den eigentlichen Attentatsplan kann Cicero leicht zer-

pflücken; Caesar wird selbst am besten wissen, dass er als Gast des Königs damals keinerlei Gefahren ausgesetzt war. Man warf dem König auch vor, er habe sich durch einen Nachrichtendienst über negative Äußerungen und eine anwachsende Missstimmung gegen Caesar berichten lassen: Caesar werde als Tyrann angesehen! Diesen Vorwurf gibt Cicero, entgegen allen rhetorischen Regeln, mit geradezu boshafter Ausführlichkeit wieder. Der Lobpreis Caesars, in den er immer wieder einlenkt, ist gefährlich nahe an der Grenze zur Ironie. Die Stilisierung des orientalischen Stammesfürsten zu einem Philosophenkönig, der im sicheren Besitz der unverlierbaren *virtus* seine Verluste verschmerzt, mochte Caesar gegenüber auch befremdend gewirkt haben. Die Mitbürger, die die Rede wenig später lasen, konnten im Lob des Deiotarus die Kritik an Caesar spüren, der inzwischen immer deutlicher die Stellung eines *rex* eingenommen hatte, eines Monarchen, der keineswegs der Philosophenherrscher war, wie ihn Cicero in seinen gleichzeitigen philosophischen Schriften darstellte: der Weise, der mit Klugheit und Gerechtigkeit und allen anderen Tugenden ausgezeichnet den Nutzen der Bürgerschaft im Auge hat und den Staat nicht regiert, sondern schützt (vgl. Tusc. 5,72).

Die Verhandlung blieb ohne Entscheidung, Deiotarus wurde nicht verurteilt; er konnte nach Caesars Tod seine verlorenen Gebiete zurückgewinnen. Mit ihrem Unterton hintergründiger Ironie, doppelbödigen Lobes und latenter Feindseligkeit ist Ciceros Rede ein Zeitdokument für die Stimmung vor den Iden des März.

Inhalt

Reclam – Weltliteratur

Textausgaben
von der Antike bis heute

Textsammlungen, Reader

Lexika

Einführungen

Interpretationen

Literaturgeschichte

Das komplette Programm und Detailinformationen
zu jedem Titel recherchieren und bestellen unter
www.reclam.de

Reclam